REINVENTANDO O CAPITAL / DINHEIRO

ROSE MARIE MURARO

REINVENTANDO O CAPITAL / DINHEIRO

DIRETOR EDITORIAL:
Marcelo C. Araújo

REVISÃO:
Paola Goussain Macahiba

EDITOR:
Avelino Grassi

DIAGRAMAÇÃO:
Juliano de Sousa Cervelin

COORDENAÇÃO EDITORIAL:
Ana Lúcia de Castro Leite

CAPA:
Alfredo Castillo

COPIDESQUE:
Leila Cristina Dinis Fernandes

Todos os direitos reservados à Editora Idéias & Letras, 2012

Apoio:

Rua Padre Claro Monteiro, 342 — Centro
12570-000 — Aparecida-SP
Tel. (12) 3104-2000 — Fax (12) 3104-2036
Televendas: 0800 16 00 04
vendas@ideiaseletras.com.br
www.ideiaseletras.com.br

Dados Internacionais de Catalogação na Publicação (CIP)
(Câmara Brasileira do Livro, SP, Brasil)

Reinventando o capital/dinheiro / Rose Marie
Muraro. - Aparecida, SP: Idéias & Letras, 2012.

Bibliografia
ISBN 978-85-7698-122-0

1. Capitalismo - Aspectos sociais 2. Crise
econômica 3. Dinheiro - História 4. História
econômica 5. Política econômica 6. Política social
7. Sociedade da informação 8. Tecnologia -
Aspectos sociais 9. Tecnologia - História
I. Título.

11-11249   CDD-303.4833

Índices para catálogo sistemático:

1. Reinventando o capital/dinheiro:
Mudança social: Sociologia 303.4833

"Ao Dr. Miguel Jorge Samek,
que me ajudou a atingir as raízes.
Um agradecimento eterno."

MUITO OBRIGADA!

Meus primeiros agradecimentos são para duas pessoas que me permitiram usufruir de todo o meu tempo para pensar e pesquisar: Marli e Penha, minhas empregadas. A elas confiei inteiramente às tarefas de meu cotidiano. Em seguida, àqueles que me ajudaram a escrever o livro, Maiara Muraro Martins e Jonas Serrate Cordeiro, historiador. Em terceiro lugar, aos grandes luminares que ajudaram a fazer minha cabeça para escrever este livro, do qual eu tinha muito medo. Mas, pouco a pouco, ele se foi fazendo com vida própria, terminando como veremos em *Uma conclusão inesperada*. Muito obrigada a Ladislau Dowbor e seus colaboradores e, especialmente, a Marcos Arruda, que ia me proporcionando os livros de que eu necessitava. E também a Joaquim de Mello e sua esposa Sandra, que me deram um primeiro *insight* para eu ter esperança que um novo mundo poderia existir. Ladislau, Marcos e Joaquim, muito obrigada. Principalmente a você, Marcos, pelas longas conversas que tivemos.

Meus últimos e mais importantes agradecimentos são para Itaipu Binacional, na pessoa do Sr. Jorge Samek, diretor brasileiro, e também, e muito especialmente, ao grupo de equidade de gênero, todo ele, principalmente a Maria Helena Guarezi, que me seguiu durante toda a pesquisa. Vocês não têm noção da admiração que sinto por fazerem de mim uma pensadora que cresce em profundidade.

Rose Marie Muraro

SUMÁRIO

PREFÁCIO 13

INTRODUÇÃO 19

PRIMEIRA PARTE
Alguns resumos necessários 23

I. Um resumo da história da tecnologia 25

II. O que é o capital/dinheiro? 35
    A história do dinheiro 38

III. O dinheiro nos séculos XX e XXI 43
    Os séculos XX e XXI 46
    As grandes crises do século XXI 46
    As formas exóticas de os bancos arrancarem
    dinheiro do público 48

IV. O mundo alavancado 51
    Capital X, Trabalho e as Crises 54

SEGUNDA PARTE
Democracia econômica/Democracia solidária 59

V. O poder do altruísmo 61
    A cooperação e a espécie humana 62

VI. Uma fase de transição 65

VII. Economia x Ecologia 71
    O exemplo oposto do consumo 75

VIII. O mistério do dinheiro 81
    As faces da moeda 83
    O caso do Egito 85
    O caso da Idade Média 86

IX. As moedas complementares modernas 89
    A moeda complementar 89
    Outras moedas complementares 91

X. O Conjunto Palmeiras 95
    Brasil 95
    As moedas sociais 100

TERCEIRA PARTE
Transformando o mundo por dentro 103

XI. Educação: mudando as cabeças 105
    A sociedade de classes 108

XII. Educação e Estereótipos 113
    Quais são os estereótipos de gênero? 115

XIII. O mundo atual desmente os estereótipos 123
    Da revolução da mulher à revolução do homem 124

XIV. Como agir concretamente com as crianças 129
    Um novo mundo em gestação com as crianças 133

XV. Como apontar para uma nova economia 135
    Bernard Lietaer e as moedas complementares 139

XVI. Como funcionam as moedas complementares 141
    A mudança da natureza do dinheiro e do Estado 145

**XVII. Reestruturando a lógica do estado
e da economia** 149
    A mudança da natureza do Estado 153

XVIII. Afinal o que é Estado? 157
    Mais problemas do Estado 160

XIX. Transformando a natureza do dinheiro 165
    Qual a solução? 166
    Mudando as contas nacionais 172

XX. Mudar a natureza do lucro 175

**XXI. Moeda complementar: A melhor forma de acabar
com a pobreza** 183
    O microcrédito e as moedas complementares 187

XXII. As consequências a longo prazo 189
    Repensando a mídia e o consumo 190

XXIII. Sobre a natureza da corrupção 197
    O sistema perde/perde 203

QUARTA PARTE
Como implantar concretamente as moedas
    complementares 205

XXIV. Educando para um mundo altruísta 207
    Educando para o futuro 209
    Alguns assuntos para serem debatidos
        nas reuniões comunitárias 212
    Como podemos criar a solidariedade? 212

XXV. A Rede de trocas solidárias 215
    O que são as feiras de trocas? 216
    Como montar uma Rede de trocas passo a passo 222

XXVI. O "NÓ" de rede de trocas 225
    Voltando às moedas sociais 228
    Economia e Ecologia 229
    O que a Humanidade está fazendo 230

QUINTA PARTE
Uma conclusão inesperada 235

Uma nova economia sustentável 237
    O fim do Capital/Dinheiro: a moeda universal 247

PREFÁCIO

Rose Marie Muraro é uma iconoclasta corajosa e criativa. Ela não se satisfaz em quebrar ídolos e desmontar paradigmas. Antevê e desafia com ideias e propostas inovadoras. Não tem medo de esculpir e abraçar utopias. Incomoda. Desconforta. Coloca nesta sua vocação profética uma verve que faz da sua obra escrita e vivida um monumento histórico, que mereceu a criação de um Instituto Cultural Rose Marie Muraro, na subida do morro de Santa Teresa, no Rio de Janeiro.

No presente livro, Rose nos brinda com uma leitura estimulante. Tendo formação em física e uma longa prática como editora, ela se aventura num tema econômico bastante complexo, revelando uma motivação e coragem incomuns. E o faz a partir dos descobrimentos que fez ao realizar a longa pesquisa que resultou no livro anterior, *Avanços Tecnológicos e o Futuro da Humanidade*.[1] Rose abre a Parte V, última do livro, qualificando o capital/dinheiro como "a mais nefasta e satânica das tecnologias". É nesta parte final que Rose mostra como "não é o dinheiro em si que traz a escassez, mas a existência dos juros que são o preço do dinheiro". Ela propõe a reinvenção do capital/dinheiro, a fim de sairmos de uma

---
[1] MURARO, Rose Marie. *Avanços Tecnológicos e o Futuro da Humanidade: Querendo ser Deus*. Vozes, 2009.

sociedade competitiva e violenta. Usando Bernard Lietaer como referência, ela revela como a sequência de iniciativas de utilização de moedas complementares, isentas de taxa de juros, conseguiu dinamizar economias locais na Europa e América do Norte. Contribuíram, assim, para a superação de graves crises de escassez de poder de compra e empobrecimento das respectivas populações, até serem abolidas por imposição dos governos nacionais, submissos ao capital/dinheiro.

Rose também menciona uma iniciativa brasileira, a do Banco Palmas, em Fortaleza, Ceará. Apoiada nessas práticas, ela mostra como a moeda complementar, intermediando as trocas sem fins de lucro ou acumulação, ativa a economia local, gerando poder de compra e demanda efetiva, que por sua vez estimula a produção de bens e serviços para consumo local. O dinheiro sem juros só ganha sentido se circula e, ao circular, gera poder aquisitivo e supera a escassez da moeda oficial! Rose qualifica corretamente as moedas complementares como "dinheiro solidário", pois promove a cooperação em lugar da competição. Ela mostra que tal dinheiro tem o poder de superar as tecnologias que são criadas para aumentar os lucros e a concentração do capital/dinheiro, e não para promover o bem viver e a sociabilidade entre pessoas, comunidades e povos. Completa a reflexão observando que a mulher, por essa via, tem a possibilidade de resgatar sua prática solidária e cooperativa, sufocada pela cultura da competição, enquanto a tecnologia deixa de ser serva do capital/dinheiro para ser serva da vida.

Reinventando o Capital/Dinheiro dá continuidade e esmiúça essas proposições. Consideramo-lo um grande pequeno livro, pois a qualidade de seu conteúdo transborda para além da quantidade de suas páginas. Rose tencionou escrever um livro informativo e didático, de amplo alcance, orientado para pessoas que não têm formação econômica e estão apreensivas com os descaminhos da economia oficial e da marginalização e exclusão extensas que ela gera. Para Rose, não basta dizer que "o sistema" centrado no lucro e na acumulação de capital/dinheiro se provou irracional do ponto de vista humano e social, está falido e tem de ser transformado para que a humanidade possa sobreviver e ser feliz. Ela encontra a explicação dessa irracionalidade e fracasso no capital/dinheiro, que tem a taxa de juros como mecanismo de sua multiplicação, sem que esta esteja condicionada, necessariamente, à criação de bens e serviços e à satisfação de necessidades humanas. E Rose dá o passo seguinte, que é visualizar a reinvenção do capital/dinheiro como o caminho para a recriação da economia a serviço da vida e não do lucro, da especulação e do enriquecimento de poucos à custa da maioria.

Focalizemos o postulado político que fundamenta o pensamento de Rose:

- Dinheiro é poder.
- Democratizar o dinheiro é democratizar o poder. Sem poder compartilhado de forma igualitária ou proporcional – de cada um segundo sua capacidade, a cada um segundo sua necessidade –, não há democracia.
- Não basta o dinheiro oficial circular, contínua e equitativamente, gerando poder de compra para cada cidadã e cidadão e toda a sociedade. É preciso que as comunidades que compõem a economia nacional e

global se empoderem, criando e gerindo suas próprias moedas, e, assim, aumentando sua capacidade de produção e de utilização de seus produtos em seu próprio território.

- Desta forma, o dinheiro recupera seu papel de meio de troca e de símbolo do trabalho humano, que está incorporado nos bens e serviços que o dinheiro permite trocar. Desvinculado da taxa de juros, o dinheiro deixa de cumprir sua nefasta função de reserva de valor e, assim, não serve como instrumento de especulação nem objeto de cobiça para acumulação ilimitada.

Rose não deixa despercebida, portanto, a ligação estrutural entre a economia e a política. De certa forma, o livro é uma denúncia do divórcio artificial entre ambas, que o sistema centrado no capital/dinheiro opera. Permeia o livro a convicção da autora de que democracia significa empoderamento econômico e monetário da sociedade, para que o empoderamento na esfera política seja possível. Por isso é tão importante que ela tenha dedicado partes relevantes do livro à educação de crianças, jovens e adultos, e também à questão de gênero e do papel da mulher na edificação de uma nova economia. Ao tema da educação, ela dedica páginas importantes da quarta e quinta partes.

Merece atenção o foco da autora nos fatores da crise financeira de 2008-2009, no fato de que governos e bancos privados usaram dinheiro público para pôr panos quentes na crise, renunciando a atacar aqueles fatores e, assim, nutrindo a probabilidade de uma nova crise, mais ampla e profunda, e com efeitos mais devastadores, no futuro próximo. Disso resultou um novo período de solvência dos bancos e financeiras privadas, e, ao mesmo tempo, uma grave crise de endividamento dos Estados nacionais. É o caso dos Estados Unidos, que estão às portas da falência, com uma dívida pública de US$ 14,5 trilhões. O que fica patente é que a humanidade, presa da cultura do crescimento econômico ilimitado, do apetite de lucro e de acumulação, sofre da grave enfermidade psíquica chamada ganância. Sua progressão parece não ter limites, e o clima de competição, característico da economia do capital/dinheiro, transforma as sociedades em espaços de guerra econômica: todos lançados contra todos, batendo-se para açambarcar o mais que puderem, sem se perguntarem se o que têm será ou não útil e necessário, nem muito menos se a retenção excessiva desse capital não fará falta a outras pessoas, comunidades ou nações.

Rose dedica uma parte importante do livro a elaborar sobre práticas inovadoras, que acenam para mudanças estruturais nessa ordem de coisas e se fundam numa cultura de altruísmo e de partilha, na qual os valores do feminino – o afeto, o acolhimento do outro, a cooperação, a solidariedade, a reciprocidade, a consciência ecológica – ganham um lugar de destaque. Dois temas merecem dela atenção especial. Um é o desafio de converter o capital/dinheiro, concentrado e prepotente, em moeda circulante, transmissora de poder de compra e meios de vida para toda a população, mediante a democratização do poder de criar dinheiro e a abolição da taxa de juros, geradora de riqueza fictícia, especulação e corrupção. O outro é a educação como meio do empoderamento das cidadãs e cidadãos, para que se tornem protagonistas de seu próprio desenvolvimento, bem viver e felicidade.

Rose não deixa de mencionar a importância da adoção de indicadores que meçam não apenas a produção de bens materiais, mas também aqueles fatores que garantem o bem viver e a felicidade das pessoas, das comunidades e de toda a nação. Apresenta a prática do índice FIB – Felicidade Interna Bruta – criado num pequeno país do Himalaia, o Butão, e hoje conhecido em todo o planeta. Nem deixa de concluir sua utopia com a visualização, inspirada na proposta de Geraldo Araújo, de uma unidade monetária mundial, cujo lastro seria aqueles mesmos indicadores de bem viver mencionados acima.

Leitoras e leitores, estejam preparados para ler uma obra de divulgação interessante e atual, escrita em linguagem acessível a leigos em economia e que não se ocupa em aprofundar ou esgotar os temas focalizados, nem em lhes dar um tratamento acadêmico, mas sim comunicá-los com entusiasmo e simplicidade quase coloquial.

Ladislau Dowbor e Marcos Arruda

INTRODUÇÃO

Em outubro de 2009, publicamos nosso último livro *Avanços Tecnológicos e o Futuro da Humanidade: Querendo ser Deus?* Tratava-se de um estudo sobre as tecnologias, principalmente as mais recentes, e seus efeitos sobre os seres humanos. Nossa metodologia foi estudá-las, todas, à luz do Capital/Dinheiro, isto é, em que são usadas e apenas por aqueles que podem pagar, e aí a grande maioria de pobres não consegue usá-las. Neste livro mostramos como essas tecnologias podem ser usufruídas por todos. Assim, o livro tem muito pouca bibliografia. Usamos principalmente nosso livro citado e a obra *Crises e oportunidades em tempos de mudanças*, de Ignacy Sachs, Carlos Lopes e Ladislau Dowbor.[1]

Infelizmente, dentro do sistema capitalista, as tecnologias só podem ser alcançadas por aqueles que pagam, porque seus responsáveis querem maximizar seus lucros. E nosso primeiro livro ficou um livro assustador por isso, porque ele mostra, sem dúvidas, que elas atualmente somente são dirigidas à vida dos mais ricos, ficando a grande maioria dos pobres privada dessas mesmas tecnologias. Se fosse um sistema solidário, em que o Estado não se visse governado pelos mais ricos, e sim por

---

[1] Encontrável em dowbor@ladislaudowbor.org.

toda a população – primeiro a âmbito local, depois estadual e federal –, influindo em suas decisões, nestas também incluídas as questões econômicas, a parte positiva das tecnologias, certamente, seria utilizada para todos. Em nosso já citado livro, vimos o que era feito nas fases mais antigas da espécie humana, antes de ser inventado o dinheiro que gera juros e desigualdade. E, principalmente, vimos que o dinheiro nada cria e tudo orienta por ser fruto da ganância humana.

E o dinheiro orienta toda a nossa vida a partir do inconsciente, dado o número de gerações que também foram "carimbadas", uma depois da outra, por essa mesma ganância e avareza, e isso está tomando dimensões tão apocalípticas que, como vimos também no mesmo livro, hoje existe uma luta de titãs entre os Senhores do Dinheiro e Gaia, a Mãe Terra. Uma luta entre a economia capitalista e a ecologia.

Assim, abrimos este livro exatamente com a conclusão do outro, a que chamamos de "Reinventando o Capital/Dinheiro" e que, agora, é título deste, pois essa reinvenção é a única saída pela qual ainda há tempo de construirmos algo positivo nesta nova Era da Informação.

Começaremos este livro fazendo um resumo mínimo do livro anterior, cuja leitura aconselhamos a todos, e trazendo também a história do Capital/Dinheiro e das crises econômico/ecológicas.

Na segunda parte, a que chamamos *Democracia Econômica/Democracia Solidária*, mostraremos como está ocorrendo a transição entre o sistema capitalista e o novo sistema que a Era da Informação exige; como está, no momento, a situação entre a Economia e a Ecologia. E vamos contar também a história de um dinheiro solidário complementar ao dinheiro capitalista, gerador de juro e de desigualdade, e como isso está tomando o mundo inteiro, desde o Egito dos Faraós até os dias de hoje. Deter-nos-emos, principalmente, em como essas moedas complementares foram usadas a partir do século XX e sua entrada no século XXI, incluindo o estudo detalhado sobre a moeda complementar mais importante do Brasil – a Palma –, que foi criada no Ceará, na periferia de Fortaleza, por líderes da favela chamada Conjunto Palmeiras, e que por causa dela, apesar de seus habitantes serem paupérrimos, hoje é um bairro de classe média.

Na terceira parte, *Transformando o mundo por dentro*, falaremos sobre uma nova educação que possa preparar o psiquismo competitivo atual para o novo psiquismo solidário que está nascendo, inclusive educando para o altruísmo. Mostraremos, ainda, como o futuro está sendo encarado pelas culturas tradicionais, tais quais as asiáticas, que preparam seus filhos para uma disciplina rigorosa dentro de um sistema rigidamente injusto, e pelas culturas da América Latina, onde já há indícios do nascimento de muitas comunidades locais que se preparam para a nova Era. E fica bem claro que se continuarmos a usar o Estado de maneira competitiva nesta nova revolução humana, que é a da Era da Informação e que exige consenso e solidariedade, nada mais estaremos fazendo que cavar a destruição da própria espécie humana. Deter-nos-emos em como educar as crianças para um mundo novo, porque, sem a transformação das cabeças desde o nascimento, é impossível criarmos um mundo novo, em que o Estado e a Economia sejam moldados para servir não só aos ricos, mas a todos.

A seguir, nessa mesma parte, mostraremos como é possível mudar a lógica da Economia, do Estado, das culturas e, principalmente, a lógica monetária, criando o dinheiro solidário (moedas complementares ou sociais), através do qual os bolsões de pobreza do Brasil poderão emergir para a sociedade civil e assumir seu caráter de sujeitos da história.

Na quarta parte, analisaremos as maneiras de implantar concretamente as moedas complementares, por meio das feiras de troca, dos bancos comunitários e, numa fase mais avançada, do microcrédito. Assim, ficam expostas as naturezas do lucro excessivo e dos juros, que são os grandes instrumentos da criação da desigualdade na humanidade inteira, especialmente no Brasil.

Na quinta parte – a última –, a que chamamos de *Conclusão Inesperada*, mostraremos que apenas com o trabalho das periferias organizadas levaria muito tempo para conseguirmos nossa finalidade e que, para isso, seria imprescindível a ação do Estado em novas formas de governança, para completar a ação iniciada nas periferias. O movimento não somente tem de ir de baixo para cima, mas deve vir também de cima para baixo, com um Estado transformado, sem corrupção e com o redirecionamento dos fluxos de dinheiro para ajudar o que a periferia já está fazendo. Se conseguirmos fazer isso no Brasil, agora que temos uma "Presidenta", faremos de nosso país e de nosso continente um projeto piloto para o resto do mundo.

A seguir, trataremos da moeda complementar universal, que enseja aos pobres a participação na governança mundial. E assim o livro se fecha, apontando para a existência de um novo paradigma econômico, que já está em curso na humanidade, mas ainda não é bem entendido pela maioria das pessoas. Também para nós esse paradigma foi uma grande surpresa e esperamos que ele venha a florescer para que possamos viver.

E por aí paramos, pedindo aos leitores que interajam conosco por meio dos endereços eletrônicos indicados no fim do livro.

PRIMEIRA PARTE

ALGUNS RESUMOS NECESSÁRIOS

I

UM RESUMO DA HISTÓRIA DA TECNOLOGIA

Em 2007, um dos maiores ecologistas do mundo, Lester Brown, deu uma entrevista à *Folha de São Paulo*, que foi publicada em nosso já citado livro *"Avanços Tecnológicos e o Futuro da Humanidade"*,[1] na qual afirmava que no momento em que a China alcançasse o mesmo patamar de consumo dos Estados Unidos, o que aconteceria lá pelo ano de 2030, seriam necessárias três Terras para que os recursos naturais fossem suficientes para atender as necessidades de consumo apenas desses dois países. E nos dias de hoje, com o consumo acelerado como está, já estamos gastando uma Terra mais 40%, isto é, estamos estressando nosso planeta em 40% a mais do que ele nos pode dar. Se continuarmos nos mesmos padrões de consumo de hoje, e isso com a enorme desigualdade econômica e humana que o mundo apresenta neste início da segunda década do século XXI, tal fenômeno tende a aumentar cada vez mais rapidamente.

Pelo que acabamos de comentar, a origem de toda essa destruição ambiental nada mais é do que um consumo cada vez maior por habitante, incentivado pelos modernos meios

---

[1] MURARO, Rose Marie. *Op. cit.*, Vozes, 2009, p. 118.

de comunicação. Esse consumo em sua maior parte é completamente inútil. Em recentes cálculos da ONU, descobriu-se que a crise econômica de 2007 a 2009 diminuiu o consumo dos países mais ricos em 40%, por falta de dinheiro de seus consumidores. Assim como consomem menos, também jogam menos dióxido de carbono na atmosfera. As Nações Unidas liberaram um relatório mostrando que, se houvesse o planejamento do consumo e maior eficiência, esta diminuição poderia chegar a 65%, provando de maneira incontestável que é o uso excessivo de recursos naturais, para fins supérfluos pela humanidade, a causa principal do aquecimento global e de todo o desequilíbrio ecológico que estamos vivendo e por viver.

Isso nos lembra o caso de nuvens de calor que, sobre os Estados Unidos (Chicago), em 1995, e em toda a Europa, no ano de 2003, mataram dezenas de milhares de pessoas de calor e que já eram atribuídas ao desequilíbrio calor/frio como os primeiros resultados concretos do aquecimento global. Mais ainda, na segunda metade da primeira década do século XXI, as ocorrências de furacões, secas, tempestades e incêndios aumentaram muito, sendo que só o número de furacões aumentaram sete vezes. O mesmo está acontecendo em 2010, com as catástrofes da região do Pacífico, cujas notícias os jornais nos trazem quase diariamente: incêndios na Austrália e na Califórnia; tsunamis e erupções vulcânicas e terremotos na Islândia; terremotos na América Latina; furacões e ciclones nos Estados Unidos; terremotos na Indonésia, nas Filipinas e em outros países do Sudeste Asiático; enchentes de proporções jamais vistas no sul do Brasil e até mesmo um ciclone extratropical na altura de Santa Catarina.

Pior ainda, em 2010 o inverno do Hemisfério Norte fez as temperaturas da Europa e dos Estados Unidos se tornarem tão baixas quanto as da Sibéria, ao passo que o calor no Hemisfério Sul subiu a graus insuportáveis.

A Groenlândia está, no momento, derretendo muito rapidamente e jogando trilhões e trilhões de metros cúbicos de água gelada no Oceano Atlântico. Esta água gelada e doce, mais leve que a salgada, tende a ficar na superfície, impedindo que as correntes quentes do equador, que aquecem o nordeste dos Estados Unidos e da Europa, esquentem essas regiões. Inclusive, a famosa Corrente do Golfo, que é a que dá equilíbrio ao clima da Terra. Esses fatos são aterrorizantes quando postos juntos, como estamos fazendo agora. Isso faz com que possamos, em vez de morrer de calor pelo aquecimento global, morrer numa era glacial causada por esse aquecimento que derrete os polos e os grandes blocos de gelo do mundo.

E qual é a causa última disso tudo? Ela nada mais é que a humana ganância econômica e a humana arrogância científica dos povos mais ricos. Em nosso último livro estudamos a maioria das tecnologias da segunda metade do século XX e do primeiro quarto do século XXI em relação ao sistema econômico, em que o dinheiro e o lucro, e não as necessidades humanas, são o motor principal do atual estado de coisas. Vimos em nosso último livro acima citado que todos os benefícios trazidos pela Ciência e pela Tecnologia no atual sistema capitalista se dirigem apenas aos que podem pagar, uma pequena minoria da humanidade, calculada entre 15 e 20%, deixando de lado continentes (África) e países inteiros que não têm como prover suas próprias necessidades. O fato é tão verdadeiro que o grupo de países chamado G-20 detém 80% do PIB mundial, deixando 20% do dinheiro mundial para os demais países não pertencentes a esse grupo.

O tratamento oferecido aos que têm dinheiro é o oposto ao que é dado aos que não o têm. Um exemplo sinistro e trágico é o caso de alguns hospitais públicos do Brasil em que os pobres que estão para morrer são abandonados à ação da natureza, quando não assassinados, como foi o caso do enfermeiro Isidoro, que assassinou 52 doentes terminais, pobres, há alguns anos, em conluio com algumas funerárias. Por outro lado, há o caso de hospitais privados que prolongam artificialmente a vida dos doentes que podem pagar, cobrando fortunas pelo tratamento, alguns inclusive deixados anos em estado vegetativo, entubados, vivendo uma vida artificial alongada por máquinas, como foi o muito conhecido caso da senhora Leda Collor de Melo, que, por causa de seu inventário, ficou dois anos sem estar nem viva, nem morta, pois sua vida era prolongada pela tecnologia, independentemente do sofrimento ou não pelo qual ela estivesse passando.

Voltando a nosso livro anterior, entre as tecnologias da segunda metade do século XX que estudamos, vimos também que:

– A indústria farmacêutica serve somente a 15% da humanidade: aos que podem pagar (cap. XI).

– O uso dos agrotóxicos, para que as terras aráveis tenham maior produção, está diminuindo a fertilidade masculina de uma maneira exponencial, porque os venenos e os produtos químicos colocados sobre a terra se transformam em esteroides (estrogênio) artificiais fracos, que diminuem em 2% ao ano a produção de espermatozoides nos homens. Hoje, a grande maioria da humanidade se enquadra nesse caso. Na década de 1950, quando não havia agrotóxicos, os homens tinham em geral 150 milhões de espermatozoides por ejaculação. E esse número passou para 75 milhões, 25 anos depois, e as últimas pesquisas captadas mostram que crianças nascidas a partir de 2005 tendem a ter cerca de trinta milhões de espermatozoides por ejaculação, sendo que, se este número cair para vinte milhões, chega-se à infertilidade. Hoje em dia, se não colocarmos agrotóxicos, a terra não atinge a produtividade exigida pelo sistema como um todo (cap. X). Porém há outros meios eficazes e duráveis para aumentar a produtividade.

– A pesquisa sobre os transgênicos, que começaram a ser usados em massa nos anos 1990, ainda não tem suficientes resultados do impacto que eles causam na saúde humana. Várias fontes sérias lhes atribuem e também aos impulsos magnéticos do aparato eletrônico da Era Digital – que cobrem hoje toda a nossa biosfera (satélites artificiais, antenas, celulares etc.) – o desaparecimento de quase metade das abelhas polinizadoras do mundo (cap. XVI). Dados mais recentes sobre a Monsanto, a empresa que detém as patentes dos grãos transgênicos, mostram como ela está acabando com a agricultura familiar tradicional nos países mais pobres.[2]

E assim por diante.

Já as tecnologias do primeiro quarto do século XXI são muito piores:

---

[2] ROBIN, Marie-Monique. "O mundo a fundo a Monsanto", documentário.

– *A robótica*, por exemplo: há hoje sete milhões de robôs construídos, principalmente para fins industriais, segundo Bill Gates (cap. XVII), e o próximo passo é um robô para cada casa. Inclusive em um documentário científico, um professor da Universidade Cornell mostrou alguns robôs do tamanho mais ou menos de uma caixa de sapatos que, alimentados com plástico, eram capazes de se autorreplicarem, isto é, de construírem sozinhos outros robôs iguais a eles. A autorreplicação de artefatos científicos já é uma realidade. Naquele documentário, o mesmo professor mostrava um pequeno instrumento entre as duas pontas de uma pinça, dizendo: "Estamos desenvolvendo agora robôs de 1,5mm autorreplicáveis". E o comentador retrucava: "Como vamos alimentar esses robôs para que se autorrepliquem?". Em resumo, o professor disse que era com o alimento mais abundante sobre a Terra: o carbono que saía das rochas. E continuou: "E se esses robôs se multiplicarem uma vez por dia, em menos de um ano terão comido todas as montanhas e todas as rochas do planeta, porque o fazem exponencialmente". E aí não há exagero, porque estamos usando o conceito de exponencialidade. No início de nosso mesmo livro (cap. I), explicamos o que é uma curva exponencial; a menor delas é aquela que dobra a cada operação. É muito fácil dobrar de dois para quatro, mas esse número vai crescendo na mesma proporção. E quando for de dois trilhões para quatro trilhões? Tratamos desse assunto exaustivamente naquele capítulo I e durante seu decorrer, porque todos os elementos que sofrem processos de acumulação, fazem-no de maneira exponencial, quando são vivos ou produzidos pelo ser humano.

– *A engenharia genética* (cap. XVI): depois da descoberta do DNA na década de 1950, ela tornou possível alterar a composição dele, o que aconteceu no final dos anos de 1990, quando se mapeou o genoma humano. Hoje, já existem mapeados os genomas de muitos animais, micro-organismos e plantas. A engenharia genética também origina a clonagem, inclusive a humana. Essas experiências são proibidas na maioria das nações do mundo, mas não o são, por exemplo, nos Estados Unidos. Os laboratórios estão procurando ativamente pessoas superdotadas, não só em termos de conhecimento, mas também de corpo (como resistência ao frio), para que possam replicar pela terapia gênica esses genes e vendê-los para pais que os queiram em seus próprios filhos, desde que paguem... Isso parece impensável, mas é verdadeiro, e se for feito exponencialmente, ainda neste século, teremos a "humanidade melhorada", composta por seres humanos geneticamente modificados, e os não melhorados, que somos nós, os que não podem pagar.

– *A nanotecnologia* (cap. XVIII e XIX): é a ciência do quase infinitamente pequeno. Um nanômetro equivale a um bilionésimo de metro. Isto é, se fizermos uma estrada que vai de São Paulo a Brasília – que tem aproximadamente mil quilômetros –, um nanômetro terá um milímetro. Outro exemplo: um nanômetro é oitenta mil vezes mais fino que um fio de cabelo. A ciência que trata dessas grandezas (pequenezas) chama-se nanotecnologia e é mais perigosa que todas as outras juntas, se for vista à luz do dinheiro, pois pode mudar tanto a natureza da vida coletiva, quanto a da vida individual de cada um de nós. Já existem milhares de patentes de elementos nanométricos. Só no Brasil, em 2008, havia mais de quinhentas patentes, seja na área de agrotóxicos, seja na de fármacos, de cosméticos etc. Os instrumentos nanométricos se fazem por meio de nanotubos de carbono, cinquenta vezes mais duros que o aço e seis vezes mais leves. Com eles se podem fazer aviões, mísseis, automóveis, roupas, embalagens, agrotóxicos, remédios e até robôs. Aí, sim, muda a natureza do mercado, o dinheiro se concentra infinitamente na mão de poucos e estaremos todos sob o jugo dos que tiverem as patentes nanotecnológicas. É um admirável mundo novo que jamais poderíamos imaginar. A nanotecnologia ligada à robótica produz, como vimos, robôs infinitamente pequenos. Esses nanorobôs podem ser inseridos em nossa corrente sanguínea, curando células doentes, uma a uma. Por outro lado, inseridos em nosso cérebro, poderão tornar-nos dependentes, sem nosso conhecimento, dos que detêm o poder sobre esses robôs. Assim, teremos uma humanidade de senhores e outra de escravos. Este é o admirável mundo "novo" que se avizinha!

Há ainda outras tecnologias tão importantes quanto essas ou que já estão se desenvolvendo como:

– *A biologia sintética* (cap. XX): por esta tecnologia podemos criar vidas em laboratório para o fim que quisermos. O biólogo Craig Venter (1946-) já deu vida a uma bactéria sintética em laboratório e, no momento, está correndo todos os oceanos do mundo à procura dos genomas da vida marinha, partindo do plâncton e indo até as baleias, pois 94% de toda a vida deste planeta encontra-se nos mares.

– *As invenções originadas da mecânica quântica*: um átomo é 0,15 vezes menor do que um nanômetro. É o grau mais próximo do infinitamente pequeno com que nossa evolução humana pode lidar nesse momento. Como exemplo, temos os computadores quânticos (cap. XXI), que já estão sendo feitos, embora com grande dificuldade, pois as partículas quânticas não são determinísticas, e sim probabilísticas, isto é, uma vez criadas, independem da vontade humana. Não sabemos aonde podem chegar.

– *O videogame quântico* (cap. XXII): é um videogame que pode ser construído em três dimensões e interagir com o ser humano de igual para igual, caso não aja de superior para inferior.

– *A fusão entre o homem e a máquina* (cap. XXII): existe uma grande divisão entre os cientistas sobre o andamento da Ciência e da Tecnologia. Há alguns que acreditam ser necessária uma moratória das ciências para que a humanidade possa assimilar o que está acontecendo, pois o cérebro humano já não mais acompanha o desenvolvimento científico, porque estamos alcançando em graus exponenciais altíssimos. Outros acreditam (os transumanistas) que fatalmente a vida humana será substituída pela vida eletrônica, entre eles Ray Kurzweil (1948-), que está trabalhando na união do corpo humano com mecanismos eletrônicos, o que, segundo ele, com a velocidade que as coisas estão indo, poderá dar ao cérebro humano uma capacidade de pensar e agir de muitos bilhões de vezes maior do que temos agora. A isso ele chama de singularidade (*singularity*). Em seu livro *Singularity is Near*,[3] ele afirma que a fusão entre o ser humano e a máquina estará pronta no ano de 2045. E por intermédio disso ele afirma

---

[3] Penguim Books, 2008, p. 136.

que poderemos chegar à imortalidade biológica/eletrônica. Inclusive, há vários documentários, desde o ano 2001, em que cientistas transumanistas asseguram que essa "evolução" do humano para o eletrônico é perfeitamente normal, principalmente pelos fatores climáticos. Um desses documentários dizia textualmente em sua última frase:

"E se nessa época você for só humano, já era!"

II

O QUE É O CAPITAL/DINHEIRO

Com este pequeno resumo do que tratamos em nosso livro *Avanços Tecnológicos e o Futuro da Humanidade*", podemos ter uma noção um pouco mais precisa do que representa, como destrutividade, o Capital/Dinheiro, a tecnologia mais nefasta de todos os tempos, inventada pelo ser humano. O dinheiro nada cria e tudo orienta, como vimos. E aí está seu poder, enquanto ele for usado como está sendo hoje. Para sabermos realmente o que é o Capital/Dinheiro, precisamos fazer também uma pequena história dele.

Na Pré-História não havia dinheiro. Só havia trocas de objetos por outros objetos, fossem eles animais ou frutas para alimento, ou armas, ou vestimentas, o que quer que fosse. Isso se chama escambo. O escambo como meio de troca durou ao menos dois milhões de anos. Depois veio uma época em que se encontrou um meio para avaliar o escambo, fosse ele qual fosse. Ou conchas, ou pedras, e nas fases mais recentes, ou gado, ou sal que era raríssimo naquela época, tanto que a palavra salário vem de sal.

O dinheiro que gera juro nasce no século VI a.C.. Antes, mesmo sob forma de moedas de metal precioso, ele não gerava juro. Foram os Lídios, naquela época, que inventaram o juro, e aí tudo mudou. Para que o(a) leitor(a) compreenda melhor, vamos contar uma pequena lenda que também consta em nosso livro anterior (cap. XXIX).

Uma tribo primitiva da Austrália vivia de escambo. De repente, apareceu um homem vestido com trajes modernos, muito elegante, que achou graça no que eles estavam fazendo e lhes disse: "Vou ensinar a vocês uma maneira de economizar muito tempo nos escambos". Eram cem pessoas. Ele fez cem rodelas de couro e deu uma para cada habitante, dizendo: "Isto é uma moeda para vocês medirem o escambo que estão fazendo. Volto daqui a um ano e vocês me dirão o que aconteceu. A única coisa que quero é um presente: dez moedas para mim".

Os indígenas acharam muita graça, mas como cada um só possuía uma moeda apenas e dali a um ano só restariam noventa moedas, eles começaram a competir por elas. Já não havia a mesma solidariedade dos tempos de escambo nem mais vontade de ajudar os outros nas colheitas, o que ocasionou muitas brigas. Assim nascera o juro e o mundo competitivo, não mais solidário. Deram dez moedas ao homem, mas na tribo ficaram várias pessoas sem moeda alguma, e começou o desejo de um ter mais moedas que os outros, isto é, de enriquecer. Esta é uma lenda que dá uma noção muito boa sobre o dinheiro.

A partir de agora, já podemos saber o que é o Capital/Dinheiro. É o sistema competitivo que manipula o dinheiro para gerar juros. No mundo pré-histórico não havia guerras, mas sim um desejo de união. No período de caça começaram as guerras por território, porque os grupos precisavam de mais alimento, pois o seu escasseava. Há vinte mil anos, os homens aprenderam a fundir o metal, e, aí, começou o período agrário, em que os grupos se sedentarizavam para fabricar seu próprio alimento com os instrumentos que já tinham inventado (pás, picaretas, enxadas, tesouras e, principalmente, o arado). Começa, então, a sociedade escravista, porque, uma vez possuindo terra, o chefe começa a invadir a terra do outro mais fraco para fazer escravos e, assim, ter mais dinheiro.

A partir do século VI a.C., as guerras se multiplicam em busca não mais somente de terra, mas também de butins – de objetos e dinheiro. E a espécie humana tornou-se competitiva. No século XVIII, Hobbes dizia que o homem era um lobo para o outro homem. Essa foi uma época de crueldade muito grande. Isso nos lembra a maneira como os romanos se divertiam nos circos – e não só os romanos, mas também os outros povos –, vendo os mais fortes matarem os mais fracos ou animais devorando seres humanos, a ponto de o imperador Nero dizer: "Teremos um povo domesticado se lhe dermos pão e circo". Lembra-nos também do gosto das pessoas pelo futebol, que é uma metáfora sublimada da guerra entre grupos (já bem melhor que fato não sublimado, explícito pelos jogos do Coliseu Romano!).

Foi isso que o Capital/Dinheiro começou a fazer com os humanos. As tecnologias pré-históricas (roda, fogo, alavancas, roldanas etc.) serviam à vida e à sobrevivência dos grupos. Mas agora, como vimos no capítulo anterior, a tecnologia, desde a invenção da fusão dos metais e, principalmente, da invenção e do uso do dinheiro, passou a servir os mais poderosos e a escravizar, literalmente, os mais fracos.

Aqui vale a pena conhecermos algo da história do Capital/Dinheiro. Agora já podemos entender por que não chamamos o dinheiro apenas de dinheiro, mas sim de Capital/Dinheiro. O Capital é o sistema que tem como mediação o dinheiro que gera juro. O capitalismo moderno não se originou da compra e venda de mercadorias, isso era o mercantilismo, mas da existência do juro. O dinheiro era a mediação que gerava o capital.

A história do dinheiro

A partir do que acabamos de ver, podemos começar uma brevíssima história do dinheiro, já abordada em nosso livro anterior, do capítulo IX ao capítulo XI. O dinheiro, para funcionar, precisava ser cunhado em metal para mostrar quem era seu emissor, e os cunhadores de metais forjavam as moedas para os reis e para aqueles que o podiam garantir seu valor, podendo pagar por ele. Assim nasceu o juro. De agora em diante, chamaremos a esses de Senhores do Dinheiro. O dinheiro era a única mercadoria que não variava de estação para estação e, portanto, podia ser comprada ao preço que seus emissores quisessem. Eles, assim, acabaram tornando-se mais ricos do que os reis.

Isto vem desde a Antiguidade. No evangelho, por exemplo, Cristo só fica irado em dois casos: quando os donos do dinheiro o vendiam no templo de Deus, ele acabou expulsando-os a chicote; e quando se referia aos fariseus, os senhores do poder. Se o(a) leitor(a) ler essa parte do evangelho de Mateus, verá que os fariseus eram exatamente o que hoje são os senhores do poder. Nada mudou. E as palavras mais fortes do evangelho são aquelas ditas em relação aos poderosos, chamando-os de "sepulcros caiados".

No Império Romano, sabemos que o assassinato de Júlio César foi tramado pelos Senhores do Dinheiro, porque aquele queria fazer uma espécie de reforma agrária no Império. E assim foram passando-se os séculos. À medida que os judeus eram impiedosamente perseguidos pelos cristãos, século a século, e não podiam possuir terras, eles se tornaram os primeiros artesãos do cristianismo e só podiam deter bens móveis: ouro, prata, joias. E acabaram tornando-se, por fim, Senhores do Dinheiro.

Era a eles que recorriam os reis e os nobres, que viviam sempre endividados, à procura de dinheiro e, para isso, pagavam-lhes juros altíssimos. No século XI, o rei Henrique I da Inglaterra ficou tão endividado que, irado, usou como moedas não mais o ouro e a prata que o povo não os tinha, mas sim gravetos que se chamavam *tally sticks*. Estes eram gravetos vincados, dos quais uma metade ficava com o rei e a outra metade com os cidadãos.

Essa estratégia foi tão bem-sucedida que a Inglaterra se desenvolveu sobre os *tally sticks,* embora as moedas de ouro e prata permanecessem normalmente em circulação. Isso durou setecentos anos, período em que se formou o Império Britânico. Assim, esse império foi construído sobre pedaços de madeira. Lá pelo século XV, inventaram-se os primeiros bancos. Eram instituições em que aqueles que possuíssem ouro e prata deixavam-nos com os banqueiros, a fim de não serem roubados nas viagens e, em contrapartida, recebiam recibos (a que chamavam de "notas") para efetuar as transações, sempre deixando uma porcentagem com os banqueiros. O interessante é que esses bancos foram precedidos de negociações que se faziam nas feiras de trocas medievais nos séculos XII e XIII. Ao entrar nas feiras, os detentores do ouro e da prata os deixavam nas mãos de administradores sentados em bancos, que guardavam as moedas até o fim da feira. Nesse fim, os comerciantes que haviam recebido as "notas" vinham apanhar suas moedas e o troco, a sobra, que era devolvida, descontada, é claro, a porcentagem estipulada.

Depois do século XV, os bancos progrediram muito. Como viram que as moedas nem sempre eram resgatadas de uma só vez, concluíram que poderiam ter uma reserva de moedas e que, também, poderiam emprestá-las, para quem precisasse, obtendo juros. Mas emprestavam "notas", e não ouro ou prata que ficavam sempre guardados no banco. Com isso, logo descobriram ser possível emitir mais "notas" do que o capital guardado. E assim se criaram as chamadas Reservas Fracionais, isto é, o excesso de dinheiro sem lastro passível de ser emprestado. Com o tempo, o limite das reservas fracionais era nove vezes maior que a quantia de ouro guardada. Por exemplo, se tivessem cem moedas de ouro guardadas, podiam emprestar em "notas" até o valor de mil moedas e cobravam juros dessas novecentas notas que eram papéis pintados, "tirados do nada". Assim é como até hoje funcionam os bancos, o que torna os banqueiros cada vez mais ricos.

Mas, hoje, nem mesmo isso os bancos fazem, porque, desde 1971, como veremos adiante, o presidente Nixon separou o valor das notas do valor do ouro, e as reservas fracionais continuaram existindo, agora como dinheiro eletrônico ou como notas impressas – papel moeda – também "tiradas do nada". Veremos adiante também o mecanismo dessas reservas fracionais nos dias atuais.

Voltemos à história dos bancos. A Inglaterra, a maior potência de então, tinha banqueiros que desejavam um banco estatal, central, capaz de emitir notas independentemente das ordens do governo, ao qual todos os bancos particulares estariam ligados. Esse banco seria responsável pela impressão do papel moeda, e não mais o governo. Depois de muita relutância, o governo britânico, então muito endividado, aceitou criar o Banco da Inglaterra em 1690, entrando com metade do capital em ouro e os sócios particulares cobriram sua outra metade com reservas fracionais provenientes do empréstimo do ouro do governo, isto é, nenhum tostão gastaram. Até hoje não se sabe o nome desses primeiros sócios. E assim o Banco da Inglaterra se tornou o banco mais poderoso do mundo.

No século XVIII, uma família de banqueiros privados alemães – os Rotschield – foi desmembrada. Meyer Amschel Rotschield enviou seus filhos, cada um para um país diferente. Nathan para a Inglaterra; James para a França; um outro para a Itália. O filho mais velho ficou na Alemanha com ele e um outro ainda foi para a Áustria. Assim a família Rotschield acabou tornando-se a família mais rica do mundo. Em meados do século XIX, eram donos de metade do PIB mundial.

Agora não financiavam mais particulares, e sim países, porque descobriram que era muito mais seguro financiar países que empresas. Principalmente, financiaram todas as guerras de todos os países da Europa e da América, porque o país vencedor tinha todo o interesse em pagar suas dívidas e as do país vencido, pois os saqueavam.

Mas não era somente isso. No próprio século XVIII, os banqueiros descobriram o mecanismo das crises econômicas. Quando planejavam uma crise, soltavam crédito barato, e o povo todo se endividava, porque as pessoas compravam mais do que podiam. Quando queriam que a "bolha" estourasse, cobravam os empréstimos com juros, e o povo se via obrigado a vender aos bancos tudo o que tinha, inclusive suas casas, para poder honrar suas dívidas. Muitos se suicidavam. Foi no meio de uma crise dessas que Benjamin Franklin, então representante das colônias inglesas na América do Norte, começou a fabricar dólares sem lastro e a financiar as pessoas à medida que elas precisassem de dinheiro. As colônias se tornaram tão fortes economicamente que os senhores da Inglaterra vieram ver o porquê e logo colocaram na ilegalidade a moeda sem lastro. Todo mundo tinha de pagar com ouro e prata. E, assim, estourou uma crise enorme, em que, dizia Jorge Washington em seu diário, um par de sapatos custava cinco mil dólares de então e um vagão de dinheiro não pagava uma carroça de alimentos. Por isso, foram dados os primeiros tiros da guerra da independência das colônias inglesas da América do Norte.

Durante todo o século XIX, a luta econômica daquele país resumiu-se na luta entre os bancos e a República. Periodicamente, crises eram fabricadas artificialmente pelos banqueiros, e o dinheiro se concentrava cada vez mais em menor número de mãos, como está acontecendo até hoje.

Luiz Gonzaga Beluzzo[1] mostrou que, de 1973 até 2010, enquanto o povo estadunidense cresceu apenas 10%, o 1% super-rico teve seu poder financeiro triplicado, e o desemprego dobrou. Isso é o que explica como as crises (todas) acabaram sempre aumentando as riquezas dos mais ricos. É para isso que a taxação injusta de renda é imposta.

---

[1] BELUZZO, Luiz Gonzaga. Em *Valor Econômico*, datado de 5 de julho de 2010.

III

O DINHEIRO NOS SÉCULOS XX E XXI

No início do século XX, quase todos os países já tinham bancos centrais, mas nos Estados Unidos o povo tinha horror aos bancos, porque sugavam todas as suas economias. Assim, não tinham um Banco Central. Mas os banqueiros internacionais insistiam em um Banco Central naquele país, que já estava tornando-se uma forte potência.

Um senador estadunidense chamado Nelson Aldridge foi à Europa. No início desse século, visitou os principais Bancos Centrais e, em 1913, em sua casa de campo da Geórgia (EUA), reuniu as principais fortunas do mundo: os Rotschild, os Schiff, os Warburg, os J. P. Morgan, os Rockefeller e outros que, secretamente, decidiram pela criação de um Banco Central estadunidense. Ele não deveria ter no nome a palavra banco. Assim criaram o Federal Reserve Board (FED), em que eles participariam; apesar do consenso do Parlamento dos Estados Unidos contrário à criação de um Banco Central, conseguiram fazer passar a lei, criando o FED no dia 26 de dezembro de 1913, quando o congresso estava completamente vazio. O povo ficou revoltado, mas já não podia fazer mais nada. O FED foi criado com a conivência do presidente Woodrow Wilson.

Os anos foram se passando, vieram a Primeira Guerra Mundial e a Revolução Russa, e os Estados Unidos iam crescendo cada vez mais devido ao crédito fácil dos bancos capitaneados pelo FED. Os anos 1920 desse século eram chamados de *roaring twenties* (anos barulhentos), devido à riqueza e à quantidade de festas que se davam então; até que o presidente do FED na época, Karl Warburg, no dia 29 de outubro de 1929, até hoje conhecido como Quinta-Feira Negra, cobrou os empréstimos à vista, e a economia dos Estados Unidos caiu na Grande Depressão, levando com ela parte dos demais países. Mais uma vez houve uma imensa reconcentração de renda. O que os Senhores do Dinheiro, ao retirarem suas ações no pico antes da grande queda, fizeram com a ilimitada quantidade de dinheiro que ganharam? Financiaram, de um lado, Hitler e a ascensão do Nazismo ao poder e, de outro, a manutenção e expansão do poder de Lênin na União Soviética; tudo isso ao mesmo tempo.

Veio então a Segunda Guerra Mundial, exatamente entre os Estados Unidos, parte da Europa e a União Soviética contra Hitler e a Alemanha. Todos os países ficaram endividadíssimos com os Senhores do Dinheiro. A dívida dos Estados Unidos de 1940 a 1950 subiu de US$ 43 bilhões para US$ 257 bilhões; a do Canadá aumentou 417%; a do Japão 1.350%; a da França 593% etc.

A essas alturas, depois da Segunda Guerra Mundial ganha pelos Senhores do Dinheiro, estes, que já tinham a maioria das nações em suas mãos, queriam agora dominar o mundo como um todo. Por isso criaram as Nações Unidas, o Fundo Monetário Internacional (FMI), o Banco Mundial (BIRD em inglês) e, por fim, o Banco de Compensações Internacionais (BIS em inglês), em 1944, na pequena cidade de Bretton Woods, dirigidos pela batuta do maior economista do século XX, John Maynard Keynes (1883-1946), representante da Inglaterra.

Essas instituições começaram canalizando recursos públicos dos países membros da ONU para a reconstrução da Europa e do Japão! Somente depois, reorientaram-se para virar orquestradores da subordinação do Hemisfério Sul ao sistema do capital mundial.

A partir daí, a economia mundial entrou em uma nova fase, bem mais concentrada. E as economias ficaram muito interdependentes. O FMI encarregava-se de "ajudar" os países subdesenvolvidos e, na década de 1970, todos eles estavam endividados com o FMI. O mesmo aconteceu com o Banco Mundial, que deveria financiar projetos de desenvolvimento em todos os países que não pudessem fazê-los.

E o BIS? Ele é o Banco Central dos bancos centrais, e os números que daremos a seguir foram publicados por ele. Em 1971, o presidente Nixon separou o dólar do ouro, o que permitiu que os Bancos Centrais imprimissem uma quantidade enorme de dinheiro extra, pois eles também separaram o dinheiro do ouro. A partir de então, o lastro de dinheiro seria a produção como um todo. O PIB mundial em 1980 era de dez trilhões de dólares e já havia doze trilhões de dólares girando pelo mundo, dois dos quais tirados "do nada". No fim do século, a produção global foi de cinquenta trilhões de dólares e o dinheiro circulante chegava a 167 trilhões de dólares, uma espécie de reservas fracionais globais.

Os séculos XX e XXI

A segunda metade do século XX foi a época de ouro das invenções tecnológicas que virão a dominar o século XXI, principalmente a do computador, do qual derivaram todas as outras: a Nanotecnologia, a Robótica, a Biotecnologia, a Biologia Sintética, com todos os seus efeitos colaterais, terríveis e mortais, que virão a atormentar a espécie humana, como dissemos no primeiro capítulo. Nos fins do século XX, por excesso de consumo, começou a ficar visível o aquecimento global com todos os seus efeitos danosos. E uma guerra gigantesca foi iniciada entre os Senhores do Dinheiro e Gaia, a Mãe Terra. Essa guerra não vem sendo simples, ela está ocasionando o fim da espécie humana, além das inúmeras crises econômicas, agora, mundiais. É a grande luta até hoje não resolvida entre a economia e a ecologia. Mas como a economia é baseada no consumo e a ecologia exige sua diminuição brutal, tudo indica que Gaia deverá vencer a luta – como vimos na Primeira Parte deste livro –, com grande sofrimento para toda a humanidade.

As grandes crises do século XXI

A primeira grande crise do século XXI foi a bolha da Internet (2000-2001), que deixou os Estados Unidos mais pobres e os Senhores do Dinheiro mais ricos. Antes dela, ainda no século XX, a maioria dos países pobres faliu. Assim aconteceu em primeiro lugar com o México, depois com os países asiáticos, com a Rússia, o Brasil e a Argentina. Em todos eles o mecanismo foi o mesmo. Começou com a quebra do México em 28 de dezembro de 1994. Endividado até o limite com o FMI, esse país sofre uma evasão do capital externo, vindo dos Senhores do Dinheiro que o retiraram num único dia, e o México quebrou, tendo de empenhar todo o seu petróleo durante vinte anos para saldar a dívida.

Em 1997-1998, o mesmo aconteceu com Tailândia, Malásia, Hong Kong, Indonésia e outros países asiáticos, e depois, no fim do século, com a Argentina e o Brasil (quando se criou o Plano Real em 1994), e a Rússia, em 1999. O mundo estava um caos.

Depois da bolha da Internet, que foi a crise dos Estados Unidos (ver Avanços Tecnológicos), as crises começaram a ser sistêmicas. Depois da crise de 2000/2001, veio a de 2007/2008/2009, que foi devida ao excesso de consumo nos Estados Unidos, incentivado tanto pelos meios de comunicação quanto pelo desejo de poder e riqueza que esse povo tem.

Quando esta autora lá estava em 1997, horrorizada com a demanda de consumo daquele povo, perguntou a uma rabina (inteligentíssima) que a havia trazido para dar aulas em Filadélfia: "Por que consomem tanto? Vocês fizeram o pacto do dr. Fausto? Venderam a alma ao diabo?". E ela respondeu: "Sim. Vendemos, mas em troca de riqueza e poder".

O fato é que o grosso do povo estadunidense não tinha esse poder todo. Os salários dos empregados eram medíocres, enquanto o dos dirigentes das grandes firmas e bancos (como veremos adiante) chegava a cifras enormes. Por isso as pessoas comuns tinham, muitas vezes, mais de dez cartões de crédito, que serviam de base para aumentar seu consumo e seu gasto, pois cobriam o débito de um cartão de crédito com outro e, assim, mantinham a ilusão de riqueza. Os Senhores do Dinheiro ficaram com o poder e a riqueza, e o povo, com os cartões de plástico.

E eles foram comprando bens que não podiam pagar: milhões de casas, financiadas em trinta anos; automóveis caríssimos, financiados em vinte anos; tudo baseado naquela prosperidade artificial. A tal ponto que em 2007/2008 não podiam mais pagar seus débitos. Foi a chamada crise das hipotecas, mas não o era. Era a crise do consumo como um todo.

As formas exóticas de os bancos arrancarem dinheiro do público

Quando o povo estadunidense começou a não mais conseguir pagar os juros das hipotecas, porque seus preços estavam subindo, as pessoas passaram a financiá-las junto aos bancos. As casas começaram a subir de preço rapidamente como em qualquer bolha. Por exemplo, uma família que devia US$ 200.000 ao banco refinanciava a hipoteca agora no valor de US$ 400.000, com isso quitavam o que deviam e ainda lhe sobravam US$ 200.000 para gastar em consumo. Isso durou até que os preços das casas começaram a cair e, em menos de um ano, vieram a valer um terço do preço do pico. Mas, desta vez, os mutuários simplesmente abandonavam suas casas, porque não tinham mais como pagar. Assim, foram abandonadas dez milhões de casas nas mãos dos bancos, e todos os bancos de investimentos chegaram à beira da falência. O que esses bancos faziam com o dinheiro? Simplesmente pegavam as hipotecas, mandavam-nas para uma companhia de seguros, depois faziam lotes que dividiam em milhares de bônus, como vimos em nosso livro anterior, e os vendiam para o mundo inteiro. Toda a Europa e a Ásia compraram esses títulos antes dos preços das casas baixarem. Mas veja, leitor(a), esses bônus são derivativos! Eram eles que circulavam no cassino das hipotecas.

E o que eram os derivativos: nada mais que a aposta dos bancos de que as casas iam subir ainda mais e, assim, revendiam os títulos, apostando que iriam ganhar muito no futuro. Como os preços das casas caíram, quase todos os bancos do mundo – menos os da América Latina que compraram muito poucos desses títulos – viram que detinham em suas mãos papéis sem valor (papéis tóxicos) e não tinham como pagar as faturas. Inclusive o Brasil teve papéis podres, como os da Caixa Econômica Federal, da Votorantim e da Sadia; títulos esses "salvos" pelo Governo Lula, por meio de renúncia fiscal de fundos públicos. O mundo inteiro estava falido. Isto aconteceu em 2009, depois de publicado nosso livro anteriormente citado. Os Estados Unidos emprestaram mais de sete trilhões de dólares aos bancos falidos contra a vontade do povo, e o total mundial de empréstimos foi de doze trilhões de dólares. Isto é, os governos tornaram-se sócios, muitas vezes majoritários, dos maiores bancos do mundo. Assim, tanto os indivíduos, quanto os países que estavam alavancados (endividados com reservas fracionais), perderam tudo o que possuíam.

Essa crise está longe de acabar. Da recessão passará à depressão, como denunciou Paul Krugman em seu artigo "A Terceira Grande Depressão", publicado na Internet pelo jornal virtual *Carta Maior*, o mais respeitado no Brasil.

IV

O MUNDO ALAVANCADO

Em 2010, o mundo começou a se estabilizar em situação muito inferior àquela do começo do século. E o que a maioria dos bancos fazia com o dinheiro repassado pelos governos? Simplesmente o escondia (talvez nas Ilhas Cayman ou em outro paraíso fiscal) para não dar crédito em meio ao caos.

Por isso tudo, internacionalmente, o dólar começou a cair em queda livre, e o que fizeram os grandes investidores particulares? Pegavam a juros quase zero, seja no Japão, seja nos Estados Unidos, grandes quantidades de dólares e os mandavam para todos os países do mundo como capital especulativo. Não era o dinheiro deles, mas eles estavam alavancados, isto é, tinham acesso aos bancos centrais que estavam emprestando a juros quase zero (*Carry Trade*) e tornavam a emprestar, dessa vez, com juros bem maiores, gerando fortunas com a diferença. Isso, somado à queda livre do dólar, fazia com que eles pegassem o dinheiro não a juro zero, mas a juro negativo entre 10% e 20%, isto é, ganhavam com a queda do dólar ao mesmo tempo em que lucravam com a subida das moedas dos países emergentes. Assim "alavancados", compravam todas as classes de ativos (ações, participações de empresas, energia e *commodities*), apostando numa subida deles. Esses, realmente, subiram muito em 2009, dando um lucro fabuloso aos investidores que punham goela abaixo dos países, emergentes e pobres, trilhões de dólares.

Nouriel Roubini, em seu artigo "Quanto maior a bolha atual, maior será o inevitável estouro",[1] diz: "Contudo, ao mesmo tempo em que a economia dos Estados Unidos e a global iniciaram uma recuperação modesta, desde março o preço dos ativos vem subindo vertiginosamente, numa alta grande e sincronizada. Em 2008, os preços dos ativos estavam em queda forte, mas, a partir de março, eles tiveram recuperação acentuada, enquanto o dólar caía. Os preços dos ativos de alto risco estavam subindo demais, cedo demais e rápido demais em comparação com os fundamentos... Cada investidor que joga esse jogo de alto risco fica parecendo um gênio – mesmo que só navegue numa bolha imensa –, já que os retornos totais têm estado na faixa entre 50% e 70% desde março.

O Brasil começou a pôr obstáculos (2% de impostos sobre operações financeiras – IOF) na entrada de dinheiro para especulação, mas não para capital produtivo. A mesma indignação tomava conta de outros países emergentes, como a Rússia, por exemplo, citada na *Folha de São Paulo*, em artigo "Rússia pretende conter capital especulativo – Brasil, Coreia do Sul e Taiwan já adotaram medidas para frear fluxo de entrada de dinheiro estrangeiro".[2]

No entanto, essa situação tende a piorar, formando agora uma bolha mundial, sem que a outra bolha tenha sido "digerida". Portanto, a situação é de alto risco, pois o dólar

---

[1] Em *Folha de São Paulo*, 3 de novembro de 2009.
[2] Em *Folha de São Paulo*, 30 de dezembro de 2009.

não pode cair a zero, e Nouriel Roubini, no mesmo artigo, diz que, quando o dólar subir de preço, os ativos que estariam subindo vertiginosamente tenderão a cair. Assim, outra bolha, agora mundial, está se formando, e Roubini calcula que o estouro ocorra ainda em 2011.

Aí será um caos mundial, que afetará os bancos de investimentos de todos os países e todos os investidores que compraram ativos a preço alto. E, espantosamente, o dinheiro pela primeira vez numa crise poderá diluir-se nas mãos de milhões de pessoas detentoras de ativos, explodindo assim o poder dos Senhores do Dinheiro. Nesse caso, o feitiço poderá voltar-se contra o feiticeiro, a não ser que os Senhores do Dinheiro arranjem outras "saídas criativas" para que o dinheiro volte a suas mãos. Por enquanto, são apenas conjecturas, mas bastante razoáveis. A crise atingirá não só os países ricos, mas também os bancos de todos os países do mundo. É o Capital/Dinheiro que pela primeira vez, ao invés de se concentrar, poderá fracionar-se.

Enormes oscilações nos preços das moedas e dos ativos estarão entrechocando-se, e não podemos prever até onde isso vai. Será que haverá uma guerra? Atômica?

Nouriel Roubini cita, ainda, três nomes: Israel, Estados Unidos e Irã na seguinte frase: "Em quarto lugar pode haver fuga do risco movida pelo medo de um repique recessivo ou risco geopolítico, como um choque EUA/Israel-Irã". Agora, citaremos todo o trecho desse artigo de onde foi retirada esta frase:

> Para começar, o dólar não pode cair a zero, e em algum momento se estabilizará. Quando isso acontecer, o custo de empréstimos em dólar repentinamente se tor-

nará zero, em lugar de altamente negativo, e o risco de uma inversão no dólar levará muitos investidores a cobrirem suas transações a descoberto. Em segundo lugar, o FED não poderá suprimir a volatilidade para sempre. Em terceiro, se o crescimento dos Estados Unidos surpreender positivamente, os mercados podem começar a esperar que um arrocho de FED chegue mais cedo, não mais tarde.

O quarto lugar já conhecemos.

E as últimas frases do artigo citado são as seguintes:

> Esse processo pode não ocorrer por algum tempo, já que o dinheiro fácil e a liquidez global excessiva ainda poderão elevar os ativos por algum tempo. Mas quanto mais se prolongarem e quanto mais crescer a bolha, maior o *crash*. O FED e outros responsáveis pela política econômica parecem não ter consciência da bolha monstro que criam. Quanto mais tempo permanecerem cegos, mais dolorosa será a queda.

Capital x Trabalho e as Crises

Desde a crise de 1930 até a de 2007-2009, está acontecendo um fenômeno que mostra a perversidade do sistema financeiro global. Por um lado, a cada ano aumentam as recompensas (bônus) outorgadas graciosamente a seus dirigentes e, por outro, a participação do emprego no PIB das nações cai regularmente, à medida que as crises vão ficando cada vez maiores. Hoje, a economia cresce no mundo inteiro, mas, mesmo assim, a participação dos empregos no PIB cai na medida desse mesmo crescimento. É um decréscimo devido ao sistema financeiro moderno e também à substituição dos operários por tecnologias. Recentemente, foi feito um documentário mostrando uma fábrica no Japão em que a linha de montagem era toda manuseada por robôs, enquanto apenas alguns operários vigiavam em seus computadores a atividade desses mesmos robôs. Era uma fábrica de eletrodomésticos que ia produzindo os objetos em tempo real, à medida que recebia os pedidos. Se os pedidos diminuíssem, a produção diminuía também, e se a demanda acelerasse, a produção acelerava. Assim não se produzem estoques e, então, não é necessário baixar o preço dos produtos por causa dos estoques encalhados, nem gastar com a manutenção dos estoques. E isso está espalhando-se por todo o mundo avançado.

Por outro lado, a gratificação dada aos diretores das firmas e, principalmente, aos dos bancos aumentou a partir dos anos 1980 numa proporção desenfreada.

Em seu livro *Democracia Econômica*,[3] Ladislau Dowbor cita textualmente:

> Um estudo de Sam Pizzigati é, neste sentido, muito instigante: Os executivos de corporações de uma geração atrás não poderiam imaginar quão afortunados seus sucessores se tornariam. Em 1975, Reginald Jones, então CEO [em português: diretor presidente] da General Electric e considerado como executivo de maior talento da nação [estadunidense], foi para casa com quinhentos mil dólares, uma soma que equivalia 36 vezes à renda de

---

[3] Dowbor, Ladislau. *Democracia Econômica*. Rio de Janeiro, Vozes, p. 113.

uma família americana típica daquele ano. Um quarto de século mais tarde, em 2000, o CEO da General Electric, Jack Welch, levou 144,5 milhões de dólares, uma soma igual a 3.500 vezes a renda típica de uma família naquele ano. Em 2004, o CEO da Yahoo Terryl Semel ganhou 235 milhões de dólares nos primeiros dez meses do ano. Remunerações desse tipo estão causando gritos por uma ação radical dentro da própria comunidade de negócios, em particular por parte de Richard C. Breeden, ex-administrador da SEC (*Securities and Exchange Commission*), a agência que regula Wall Street.

Mas isso não impediu, durante a própria crise, que executivos dos bancos falidos usassem parte do dinheiro repassado pelo governo dos Estados Unidos para darem bônus àqueles mesmos que tinham carregado aquele país para o fosso e, com ele, o mundo inteiro. E, assim, esses executivos receberam imensas gratificações que chegaram a centenas de milhões de dólares.

E o outro lado, o lado do trabalho? Richard Freeman, professor de Economia na Universidade Harvard e pesquisador sênior de mercados de trabalho na London School of Economics afirma:

> De 2007 a outubro de 2009, quase oito milhões de empregos foram perdidos nos EUA, o que reduziu a proporção de pessoas empregadas na produção de 63% a 58,5%. O desemprego no final de 2009 estava acima dos 10%. A duração do desemprego é a maior desde a Depressão, milhões de pessoas tiveram suas jornadas de trabalho reduzidas e outras milhões foram desencorajadas a procurar trabalho... Países avançados como Canadá, Japão e as nações da União Europeia também sofreram severas perdas de emprego, que perdurarão por muito tempo... Alguns países, entre os quais Alemanha,

Coreia do Sul e Suécia, ocultaram seu desemprego ao forçar empresas a manter trabalhadores em suas folhas de pagamento. Isso pode funcionar a curto prazo, mas não haverá como sustentar essa prática ao longo do tempo... Dos anos 1980 à metade dos 2000, o emprego tem mostrado atraso cada vez maior com relação ao PIB nas recuperações econômicas...

Em 1997, a Coreia do Sul sofreu não apenas com a crise asiática, mas também com a insistência dos EUA e do FMI para que elevassem os juros e empreendessem reformas ao estilo Consenso de Washington. O patamar de emprego foi recuperado, mas primordialmente por conta de vagas "irregulares" com baixos benefícios, salários modestos e baixo grau de segurança. A desigualdade na Coreia do Sul, que tinha parâmetros moderados, tornou-se a segunda mais elevada entre os países avançados da OCDE [Organização para a Cooperação e o Desenvolvimento Econômico], atrás só dos EUA.

Isso mostra o crescimento do setor informal que também não dá conta do desemprego que aumenta; mostra também as dificuldades que os jovens têm de conseguir o primeiro emprego e, principalmente, as que as pessoas com mais de quarenta anos, desempregadas, encontram quando da procura de um novo emprego. "Os estudos de satisfação pessoal demonstram que o desemprego reduz a felicidade de forma tão intensa quanto a perda de um familiar."

"Caso o emprego começasse a crescer com essa intensidade em 2010, apenas em 2015 o país teria retornado ao patamar que detinha antes da recessão."[4]

---

[4] Id. Ibid.

Isto está retardando também o crescimento do emprego no resto do mundo, inclusive no Brasil.

Assim, a lição da recessão é clara. O ponto fraco do capitalismo não é o mercado de trabalho, mas o mercado financeiro. Na pior das hipóteses, as falhas do mercado de trabalho impõem modestos custos sociais por ineficiência, enquanto as falhas dos mercados de capitais prejudicam severamente a sociedade, e os mais graves problemas são infligidos aos trabalhadores, e não aos responsáveis pelo desastre financeiro.[5]

E acabamos esta primeira parte deste livro fazendo a pergunta que não quer calar: Como é que o mundo e principalmente nós, pessoas, vamos reagir a tudo isso?

---

[5] Id. Ibid.

SEGUNDA PARTE

DEMOCRACIA ECONÔMICA/DEMOCRACIA SOLIDÁRIA

V

O PODER DO ALTRUÍSMO

A opinião geral do grande público, muito influenciada pela televisão, é a de que a vida na natureza se restringe ao que vemos nos documentários, sempre algum animal tentando perseguir outro para comê-lo; é matar ou morrer. Mas isso não é verdadeiro. As espécies são altruístas entre si, até muito mais do que a espécie humana. Um exemplo disso foi publicado na *Folha de São Paulo*,[1] através de resultados de várias pesquisas científicas, sendo uma delas de dois cientistas alemães, da Universidade de Regensburg (Alemanha), que estudaram em detalhe a vida de vários formigueiros. Em todos eles, as formigas doentes saíam do formigueiro para morrerem fora, sozinhas. Com isso, evitavam que sua doença se propagasse por toda a comunidade. Essa pesquisa foi publicada na revista científica *Current Biology*. Outras espécies como as abelhas, vespas e maribondos agem da mesma maneira. São espécies sociais muito complexas que exigem o sacrifício de vários para salvar a comunidade.

Tudo isso revela que o altruísmo que ainda persiste na espécie humana tem raízes nas formas mais primitivas da evolução da mente.

---

[1] Publicado em 30 de janeiro de 2010.

Uma experiência mais interessante ainda com animais superiores aos insetos foi feita por uma equipe de cientistas portugueses e publicada na revista *PLoS One*. Eles colocaram dois ratos em uma gaiola compartimentada, transparente e com furos entre os compartimentos, para que se possibilitasse a comunicação entre eles... A experiência mostrou que os roedores preferiam uma recompensa menor a trair seu parceiro, porque este que receberia doses de castigo dobradas se traído. "Há relatos de comportamento cooperativo em várias espécies animais, como macacos, pássaros e morcegos."

Mas não existiria evolução alguma se mães e pais não protegessem os filhotes imaturos ante os perigos existentes na natureza, isso mostra que, por baixo da corrida competitiva pela sobrevivência, existe uma dose ainda maior de cooperação que torna a vida possível. Mesmo a luta *predador x presa*, que beneficia o combate das espécies, mantém o equilíbrio entre elas e, assim, evita a extinção da vida.

A cooperação e a espécie humana

Vamos agora ao que acontece com a espécie humana. O poder da parceria é muito maior que o da competitividade.

Durante 1,5 milhões de anos, os grupos humanos primitivos não guerreavam entre si, conforme foi descoberto por Claude Lévi-Strauss, o maior antropólogo do século XX, autor de *Estruturas Elementares do Parentesco*.[2] Foi a interdição

---

[2] Rio de Janeiro: Vozes, 1970, 2005.

do incesto que possibilitou a evolução humana, isto é, o casamento dentro do mesmo grupo "fecharia" os grupos entre si. Isso foi proibido, e homens e mulheres passaram a ter de "se casar" com pessoas de fora de seu grupo para que os diversos grupos pudessem juntar-se entre si e, assim, crescerem cada vez mais.

A competitividade que deu origem às guerras e muito mais tarde à luta pelo dinheiro, como já vimos, nasce na época em que começam as culturas de caça. Elas eram obrigadas a lutar umas contra as outras para conseguir mais território e, consequentemente, mais comida. Isso aconteceu há quinhentos mil anos, portanto, a competitividade dura apenas ¼ do tempo da fase de cooperação humana. Ela é muito tardia na evolução de nossa espécie. Vamos agora mostrar qual a inter-relação entre competitividade, cooperação e dinheiro, comparados com o dinheiro solidário.[3]

---

[3] Leia mais em MURARO, Rose Marie. *História do Feminino e do Masculino*. Zit Editora, 2005.

VI

UMA FASE DE TRANSIÇÃO

O que podemos concluir de tudo o que escrevemos até agora e que foi o resumo de um livro de quase quatrocentas páginas? Gostaríamos que este livro fosse interativo para que o(a) leitor(a) pudesse dialogar conosco, pois enriqueceria enormemente nossas conclusões. De nossa parte, várias coisas aparecem.

Primeiro, **a tecnologia**: enquanto o ser humano não inventou o dinheiro, a tecnologia servia à vida da espécie; depois que ele foi inventado, a tecnologia tornou-se cada vez mais rapidamente sofisticada e abrangente. Até há poucos anos, Engenharia era engenharia, Medicina era medicina, Matemática era matemática etc. Hoje, podemos ver que as novas ciências se originaram da junção de outras ciências menos sofisticadas. Por exemplo, a Robótica nasce da Computação, da Neurociência, da Biologia etc.; a Nanotecnologia, então, é muito mais sofisticada, porque ela abrange todas as ciências na medida em que abarca toda a realidade humana.

É realmente um novo paradigma para a história humana. A Matemática se sofistica, tornando-se Teoria de Catástrofes, Teoria do Caos, Matemáticas Biológicas, dando assim novo suporte às tecnologias do século XXI. A Física e a Química se juntam à maioria das novas ciências e assim por diante. A Computação, que é de onde saem todas essas novas tecnologias, é ela mesma junção da Matemática, da Física, da Biologia e de outras, como vimos em nosso livro anterior. E ao passo que ficam mais complexas, elas vão aprofundando sua ação sobre o ser humano e o meio ambiente, inclusive tornando-se cada vez mais letais.

A corrente de cientistas, chamada transumanista, é que está preparando a fusão entre o ser humano e as máquinas, via Robótica e Nanotecnologia. Segundo ela, com essa fusão, nosso cérebro alcançaria em amplitude bilhões e bilhões de vezes maior que o cérebro atual, simplesmente humano. Em última instância, a vida humana seria substituída pela vida eletrônica.

Segundo, **o dinheiro**: tudo isso que acabamos de escrever pode mostrar-nos que, quando servimos ao dinheiro, vamos ficando cada vez mais próximos de nossa destruição. O dinheiro – reafirmamos – nada cria, mas tudo orienta hoje e sempre. Esse dinheiro competitivo de que tratamos até agora e que causa juros gera a desigualdade, a dominação, a competitividade, enfim, a economia ganha-perde que nos vem levando rapidamente à economia perde-perde. Ninguém ganha se destruirmos a natureza. E parece que a humanidade não quer tomar medidas sérias para impedir essa destruição por causa das diferenças e contradições das economias dos vários países.

Terceiro, **o consumo**: a economia competitiva baseia-se no consumo de recursos naturais ou criados pelo ser humano a partir da natureza. Ter uma ou duas roupas, ter alimento para comer o necessário, remédios para curarmos nossas doenças, não é consumo, e sim necessidade. Chamo de consumo o ter muito mais recursos do que se necessita para viver uma vida digna e simples. Hoje, somos quase sete bilhões de seres humanos e precisamos pensar seriamente nisso. Por quê?

Começamos a primeira parte deste livro com uma afirmação de Lester Brown, um dos maiores ecologistas do mundo: "Se a China chegar ao mesmo patamar de consumo dos Estados Unidos, serão necessárias três Terras para satisfazer esse consumo". Isso existe porque o sistema econômico é essencialmente predatório, competitivo e não solidário, como foi nos primeiros dois milhões de anos em que fomos evoluindo. A economia e o conhecimento eram propriedades comuns, não havia nem ricos, nem pobres, todos gozavam de uma subsistência satisfatória a suas necessidades.

O que queremos dizer agora é que nesta Era da Informação ou voltamos a uma economia solidária e democrática, ou nossa espécie está perdida. O restante deste livro será um desenvolvimento desse pensamento. Antes, queremos aprofundar o conceito da natureza do consumo, dando alguns exemplos. Os salários do povo estadunidense não são grandes. Segundo Paul Krugman, 58% da população americana não obteve os benefícios da globalização. Já vimos como o capitalismo vive de crises. Em cada uma delas, a riqueza vai concentrando-se em menos mãos, e a pobreza vai atingindo uma maioria cada vez mais ampla.

As crises não são fenômenos naturais, como dizem os economistas conservadores, desde Adam Smith até Milton Friedman. Vimos como elas são produzidas segundo o interesse dos Senhores do Dinheiro. Assim, fica a pergunta: Como faz o povo dos Estados Unidos para se dar a ilusão de que goza de uma grande riqueza? Vão gastando aquilo que não têm, mediante dinheiro de plástico, isto é, cartões de crédito. Exemplo disso é um amigo que comprou um carro de US$ 40.000, por causa desse dinheiro de plástico, ganhando mensalmente apenas US$ 2.000. E também das liquidações. Um documentário mostrou uma dona de casa dos Estados Unidos comprando dez baldes. E o repórter perguntou: "Para que você quer tantos baldes?". E ela respondeu: "Comprei cada um a cinquenta centavos". Não era por necessidade, e sim pelo dinheiro. Outra, ainda, comprava compulsivamente comida, porque gostava de comprar com vantagem, tipo, leve três e pague dois. Ela já tinha a dispensa repleta e todas as mesas da cozinha cheias. Quando foram ver sua dispensa, a metade dos alimentos já tinha validade vencida. Havia ali alimentos vencidos há mais de dez anos.

Existe nos Estados Unidos uma cadeia de lojas "tão grande quanto o McDonald's" que aluga quartos para as pessoas que compraram coisas que não cabem mais em suas casas, para que possam ter ali um lugar para guardá-las. E sabemos que já há lojas desse tipo em São Paulo. Vimos também na televisão pessoas sendo pisoteadas e mortas por uma multidão que corria atrás de promoções. Estes exemplos já são suficientes para nos mostrar o que é realmente o consumo. Tem a ver muito com o pecado capital da avareza, não mais de dinheiro, e sim de objetos. O consumismo nada mais é que a compra de objetos supérfluos e desnecessários em escala cada vez maior. É isso que está matando nossa espécie. A compulsão anal e também oral – no sentido freudiano – pela qual se faz o consumo é que está matando de fome milhões e milhões de pessoas por ano e enriquecendo uns poucos. Segundo dados da ONU, 435 famílias detêm metade do PIB mundial atual. Para quê? O ser humano não consome mais que certa quantidade de produtos em sua vida. Mas, com a desigualdade, uns poucos consomem muito mais que o bastante, estocando a sobra, o desnecessário, e os outros, que precisam dessa sobra para sobreviverem, não a tem por causa dessa mesma desigualdade. A definição de consumismo em nossa opinião é a posse por poucos de coisas necessárias para a vida de muitos e desnecessárias para eles próprios.

Quarto, **economia x ecologia**: este é o item mais importante gerado pelo Capital/Dinheiro, como já vimos na primeira parte deste livro. Para haver consumo é preciso que se usem os recursos naturais da Terra (matérias-primas) para se fazer os produtos para serem consumidos. Isso agora, com sete bilhões de habitantes no planeta, está tomando proporções enormes. É uma luta sem trégua entre os Senhores do Dinheiro e a Mãe Terra, que não pode dar mais do que aquilo que ela tem. Caso contrário, expulsa de si nossa espécie. Em última análise, não somos nós que estamos destruindo o planeta, estamos sim é destruindo nossa civilização humana. O planeta já passou por fases muito piores de frio/calor, secas/tempestade etc., em seus bilhões de anos de existência – e sobreviveu a tudo. Sobreviverá também ao desaparecimento da espécie humana e talvez daqui a um bilhão de anos haja outras espécies vivas com mais juízo que a nossa.

Vamos agora ver em casos concretos como essa luta está sendo travada, como é possível inventar outras formas de dinheiro que não sejam as do Capital/Dinheiro e como elas funcionam, pois já existem muitas delas sendo usadas silenciosamente pelos setores excluídos do uso do Capital/Dinheiro.

VII

ECONOMIA X ECOLOGIA

A moeda que gera o juro e os juros que geram a desigualdade tornam a vida humana uma espécie de pirâmide. Sua base é composta por quatro bilhões de pessoas que estão abaixo da linha da pobreza. Diz Ladislau Dowbor: "O IFC (International Finance Corporation) do Banco Mundial analisa a concentração da renda e da riqueza pelo prisma do potencial empresarial, e avalia a imensa massa dos mal inseridos no desenvolvimento econômico do planeta, buscando a forma de gerar oportunidades".[1] Trata-se dos quatro bilhões de pessoas cuja renda *per capita* está abaixo de três mil dólares por ano e que constituem um mercado de cinco trilhões de dólares. Não se fala mais em tragédia social, fala-se em oportunidades econômicas.

> Eles vivem em relativa pobreza. Sua renda em dólares correntes dos EUA é inferior a US$ 3,35 por dia, no Brasil US$ 2,11, na China, US$ 1,89 e US$ 1,56 na Índia. No entanto, juntos, eles tem uma capacidade de compra significativa: a base da pirâmide constitui um mercado consumidor de US$ 5 trilhões.[2]

---

[1] DOWBOR, Ladislau. *Op. cit.*
[2] Ibidem.

Esse mercado de cinco trilhões de dólares é totalmente desperdiçado e se torna fisicamente o instrumento de morte para a espécie humana. E o que fazem essas pessoas excluídas da produtividade mundial para serem assim? Basta contar o caso que acontece em São Paulo todos os anos, quando mil carros novos por dia são jogados no trânsito.

Vamos dar outro exemplo: os plantadores de soja vão desmatando a Amazônia para aumentar suas plantações. Com isso usam o menor número de trabalhadores possível, porque essa monocultura é toda mecanizada. Já os habitantes desses lugares, que usam a agricultura familiar, menos predatória que a monocultura, são, em geral, forçados a migrar para as grandes cidades. O que acontece com eles? Em grande número, vão para as periferias, principalmente para a de São Paulo, aumentando a criminalidade, a fome, o desemprego etc. Quanto a sua educação ecológica, é zero. Fazem barracos desmatando as matas ciliares dos rios, jogando lixo nas ruas ou nos próprios rios, ou nas represas etc. Em janeiro de 2010, São Paulo viu-se assolada por praticamente dois meses de chuvas fortes. Em fins daquele mês, seus três rios, Tamanduateí, Pinheiros e Tietê, transbordaram como nunca, também em bairros de classe média e classes mais ricas. A água, inclusive a dos esgotos, de tal maneira os bueiros estavam entupidos de lixo, refluía para a superfície causando doenças e até epidemias.

No dia 22 de janeiro de 2010, a *Folha de São Paulo* tinha seu caderno cotidiano todo em tarja preta com os dizeres "São Paulo é refém das chuvas". Uma cidade de quatorze milhões de habitantes, se incluirmos as cidades satélites esse número chega a vinte milhões, está explodindo por causa do aquecimento global. Não tem mais como receber migrantes das zonas ocupadas por monoculturas no norte, nordeste e centro-oeste do Brasil. Em março de 2010, o Rio de Janeiro, que tem a metade dos moradores de São Paulo, mas é cercada de favelas, teve sua cota de chuva. Em um dia de temporal várias casas desmoronaram. No mesmo período, no oeste do Paraná, duzentas mil famílias ficaram sem suas casas; a cidade de Cascavel desabou, ocasionando mortes e desespero, e assim foi. Em 2011, essas tragédias estão novamente se repetindo.

Que conclusão podemos tirar desse caso? Os plantadores de soja dizem que trazem muito lucro, aumentando as exportações do País (e para si), mas nunca ninguém fez a conta dos bilhões e bilhões de dólares de prejuízo para as prefeituras, para os governos de São Paulo, do Rio de Janeiro e também para o Governo Federal, por causa das dezenas e até centenas de quilômetros de engarrafamentos nas avenidas, das horas de trabalho perdidas, dos deslizamentos de terras nas chuvas, das quedas de pontes e até do alagamento da CEASA em São Paulo, que provê os paulistas de alimentos, e mesmo dos túneis totalmente inundados pela água, a ponto de submergirem os carros, além dos imóveis destruídos. Isso em toda época de chuva. E, como vimos, a cada ano, as chuvas tornam-se cada vez mais fortes.

Em todos os dias do ano, como vimos, mais de mil carros novos entram na cidade de São Paulo. Quantos bilhões e bilhões de reais de prejuízo diário para a maior metrópole da América Latina, por causa de não conseguir funcionar satisfatoriamente devido ao excesso de população e de trânsito? Os governos dizem que não têm dinheiro para desentupir os bueiros e tirar os sofás e as quinquilharias jogados nos rios.

Enfim, esses prejuízos são infinitamente maiores que o lucro das plantações de soja, mesmo somado aos de todas as outras monoculturas do País. Inclusive, podem paralisar o progresso do Brasil se continuar com esse mesmo modelo de consumo predatório.

E do lado da soja? Em geral ela é vendida para consumidores europeus que criam gado confinado e a utilizam como ração para que possamos alimentar-nos de bifes macios. E a água que é necessária para o cultivo dessa soja e do gado brasileiro que também é exportado para a Europa, quem paga? A carne de boi requer trinta vezes mais água do que a mesma quantidade de carne de frango para chegar à mesa dos consumidores dos países avançados. Esse gado também é exportado por nós a um custo enorme, devido à expansão das fronteiras agropecuárias que degradam a terra e, logo, as tornam improdutivas. O Brasil é o maior produtor de soja e também de gado do mundo.

Acreditamos que, com esse exemplo, estamos dando uma visão, embora simplificada, da destruição que o Capital/Dinheiro traz para o planeta, não importa em qual setor ele seja aplicado. Nesse modelo produtor de juros, o que ele toca acaba morrendo.

Esse é o lado agrário da tecnologia e de nosso sistema, pois na primeira parte do livro já falamos do que acontece com a tecnologia nas áreas urbanas. Por isso, estamos reafirmando que este século XXI está vivendo uma guerra de titãs entre os Senhores do Dinheiro e Gaia, a Mãe Terra.

Mas o caso mais grave que está acelerando essa guerra é o caso da China, com um bilhão e meio de habitantes, que em 2010 passou o Japão e se tornou o segundo país consumidor do mundo, abaixo apenas dos Estados Unidos. A China já está sendo a maior consumidora de veículos do mundo e exporta tudo para todos os países. Voltamos à frase de Lester Brown: "Quando todos os habitantes da China tiverem o mesmo patamar de consumo dos habitantes dos Estados Unidos, serão necessárias três Terras para que esse consumo possa ser satisfeito".

O exemplo oposto do consumo

Vamos contar duas histórias: a do bairro Palmeiras, em Fortaleza, e a da cidade de Pintadas, na Bahia. Comecemos por Pintadas. Essa é uma pequena cidade do interior, cujos homens costumavam migrar para cortar cana no interior de São Paulo, porque as terras dessa cidade já estavam degradadas. A cidade tinha um único banco que foi fechado pelo governador da Bahia, Antônio Carlos Magalhães, porque ele era inimigo político da prefeita de Pintadas (o prefeito não era um homem, e sim uma – das raras – mulher que governava a cidade). Sem seu banco, Pintadas não podia progredir. A prefeita, então, reuniu todos os habitantes e fez, entre eles, uma cooperativa de crédito, que passou a funcionar muito bem. Com essa moeda "local", mesmo sendo ela o Real, não havia dívida com um banco cooperativo, e o dinheiro dos juros passou a financiar o progresso da cidade, o bem comum. Os homens trataram das terras degradadas. Hoje, lá, já plantam e não mais migraram para cortar cana em São Paulo.

O caso de Palmeiras, em Fortaleza, é tão interessante quanto esse, só que, em vez de usar o Real com sua população pobre, lá circulava uma "moeda complementar" impressa, chamada "Palma". Uma Palma vale um Real. Palmeiras era uma favela de trinta mil habitantes que, naquela época, viviam em barracos de madeira sem saneamento algum. Joaquim de Mello, seminarista, foi enviado por Dom Aloísio Lorscheider, então Arcebispo de Fortaleza, para trabalhar entre aqueles pobres. Foi ele quem criou a Palma. Começou com um empréstimo de R$ 2.000,00 e, mais tarde, conseguiu um empréstimo de R$ 200.000,00 no Banco Popular do Brasil (BPB), que fazia esse tipo de trabalho para lastrear as palmas. A diferença entre Pintadas e Palmeiras é que Pintadas usava o Real e Palmeiras, não. Aí, o Real continuava no banco e a pessoa tinha de fazer algum tipo de trabalho ou pedir um empréstimo no banco sem juros para conseguir X palmas. O Banco Palmas era dirigido e administrado por membros da comunidade, escolhidos por ela própria. A maioria dos estabelecimentos da comunidade se credenciou para trabalhar com a Palma, assim a Palma passou a ser a moeda local da favela. Era essa moeda que circulava nas compras e nos negócios locais. Por exemplo: as pessoas preferiam comprar uma cocada que valia uma ou duas palmas a comprar uma que valia um ou dois reais, pois eles não tinham reais. Eram todos paupérrimos.

Pouco a pouco, a favela foi modificando-se e, para resumir, dez anos depois não havia mais nenhum barraco. Era já um bairro de classe média baixa, asfaltado e urbanizado, com casas de alvenaria, escola, saneamento etc., tudo por causa da Palma.

Mas por que isso? Palmeiras não foi o primeiro lugar no mundo a usar moedas complementares. Durante a Grande

Depressão dos anos 30 do século XX, os Estados Unidos e vários países da Europa fizeram isso (voltaremos com essa história no próximo capítulo) e também conseguiram sair da miséria. Adiante contaremos também em detalhes a experiência do Conjunto Palmeiras.

Mas qual é o mecanismo de funcionamento das moedas complementares, como a Palma? O detentor pode trocar uma Palma – que não gera custo circulatório –, quando quiser, por um Real que tem custo –, mas ganhará muito mais benefício se fizer circular a Palma o maior número de vezes que conseguir. Por exemplo: se ele girar a Palma duas vezes, isto é, fizer duas transações de trocas comerciais e, depois, voltar ao Real, o Real valeu duas vezes. Ele compra uma cocada de uma "cocadeira" por uma Palma. Esta "cocadeira" vai e compra um coco com a mesma Palma. O dono do coco, por sua vez, faz compras no armazém, usando palmas, e o dono do armazém paga ao farmacêutico também com palmas. E assim as palmas vão girando independentemente do Real. Quando ele quiser pagar uma conta de telefone que não é local ou pagar a fatura de uma fábrica em São Paulo ou no Rio de Janeiro que para isso só aceitam reais, aí ele troca apenas as palmas necessárias por reais. E continua negociando em palmas, que custam mais barato, no fim das contas, que o Real. Aí um Real poderá chegar a valer 450 vezes mais, porque aquela Palma já foi objeto de 450 transações. Isso é o que se chama *moeda complementar*, moeda que não gera juro, mas que tem seu valor atribuído à confiança das pessoas que a utilizam, assim como o dinheiro oficial, a confiança de seus usuários. Hoje, o dinheiro oficial é tirado "do nada", como vimos. Hoje, o Banco Palmas gira com R$ 2 milhões, e não com os R$ 200.000,00 iniciais. Graças ao trabalho da comunidade e não aos juros.

Uma vez perguntado se a Palma não poderia ser falsificada, Joaquim de Mello respondeu: "Impossível. Imprimimos a Palma com linha d'água e ela tem marcas prateadas e outras marcas que não podem ser falsificadas". As moedas complementares também possuem estratégias para não serem falsificadas.

Os governos europeus (como veremos no capítulo VIII) tinham posto suas moedas complementares na ilegalidade por medo de que a moeda oficial fosse ultrapassada por elas, mas um funcionário do Banco Central do Brasil afirmou: "Essas moedas deveriam estar em todos os municípios e em todos os bolsões de pobreza do Brasil". Calcula-se que haja atualmente no mundo cerca de dez mil moedas complementares. No Brasil, a última vez que soubemos das moedas complementares havia cem. Mas uma estudiosa do assunto nos disse que chegavam a quase duzentas, tornando-se também os lugares mais recônditos e pobres do País.

Vimos, então, neste capítulo, como funciona o dinheiro que gera juro e que tipo de realidade ele cria. E vimos, também, como funciona o dinheiro que não gera juro e que tipo de realidade ele propicia. O dinheiro que não gera juro é como o dinheiro da Pré-História, apenas uma medida de trocas (escambo), antes de o dinheiro gerador de juro ser inventado.

Mesmo o microcrédito, como em Pintadas, se não gerar juro, tem o mesmo efeito da moeda complementar, embora não lide com ela, porque gera trabalho e gera vida. A noção de trabalho muda radicalmente. Você não vende mais seu trabalho a um capitalista que lhe dá um salário de mercado, mas empresta seu trabalho para conseguir mais dinheiro e depois o devolve, e, assim, os juros gerados são positivos. Em vez de privar as pessoas de bens, cria-os. O trabalho produzido pelas 450 vezes que uma Palma (um Real) gerou, contém um trabalho que R$ 450,00 gerariam. Esse tipo de dinheiro (moedas complementares) é o oposto do dinheiro que usamos há três mil anos e que nos está destruindo. A moeda complementar é a reinvenção do Capital/Dinheiro.

Vamos agora sair da experiência brasileira e nos deter mais demoradamente na história geral das moedas complementares. Já vimos que é possível existir um dinheiro oposto ao Capital/Dinheiro e ele não gera juro, portanto também não gera consumo supérfluo. E mais ainda: não ofende a Mãe Terra. Nossa função aqui é mostrar que sem o consumo supérfluo é possível reciclar tudo, tal como o Universo se recicla.

Desde o *Big Bang* o número de átomos existentes nestes treze bilhões e setecentos milhões de anos é o mesmo, ele se recicla continuamente.

VIII

O MISTÉRIO DO DINHEIRO

O dinheiro não é real nem nunca foi. Ele é uma convenção ou um acordo entre as pessoas. O que sempre existiu foram as trocas (o escambo). Desde a Pré-História, as sociedades viviam de trocar entre si o necessário para a sobrevivência. Com o decorrer do tempo, foram arranjando moedas pré-históricas, a que chamaremos de meios de troca. Isto é, o que pudesse medir o valor de cada produto trocado. Por exemplo, um porco valeria quantas galinhas? E convencionaram tudo para mediar as trocas: conchas, pedras, folhas, gravetos (gado quando fosse trocas entre grupos grandes) e sal, por exemplo, que era raro nessa época. Esse tipo de moedas só mediava a troca e não gerava juro, portanto cada coisa era trocada exatamente pelo valor convencionado. O dinheiro que gerava juro só foi usado depois da descoberta da fusão dos metais (20.000 a.C.).

Muitos séculos se passaram até que os humanos inventassem o que hoje chamamos de moeda. No Ocidente, como vimos, foram os lídios que a usaram primeiro, mas elas tinham de ter uma forma. O dinheiro, fabricado no mundo, em geral, sempre foi redondo e chato, muitas vezes com um buraco no meio para que pudessem ser amarrados e levados em fios. O problema era que esse tipo de dinheiro não se encontrava na natureza, tinha de ser fabricado, e aqueles que os fabricavam os vendiam por mercadorias. Agora o dinheiro não era mais um meio de troca, e sim uma parte da própria troca. Mais tarde, os fabricantes do dinheiro trocavam a mesma mercadoria por mais dinheiro, e a esta diferença para mais – isto é, o preço do dinheiro –, milenarmente foi chamada de juro. Esse tipo de dinheiro também não era real, não existia, pois era uma convenção como qualquer outra, só que passou a ter valor independentemente das trocas. O dinheiro sempre foi um ato de confiança entre as partes (*Fiat Money*). Quem possuísse mais dinheiro, possuía mais poder de troca e, portanto, mais poder sobre os outros.

Assim, começa a moeda competitiva, que conhecemos hoje e que é ao mesmo tempo meio de troca e mercadoria. E, por ela, os seres humanos começaram a matar e a morrer. Começa, então, o período histórico, as guerras e os sistemas monetários como evoluíram até hoje e dos quais já falamos. Vamos agora nos referir ao outro tipo de moedas que era apenas meio de troca, que não tinha valor nenhum em si.

As sociedades pré-históricas que praticavam esse escambo não se ligavam no dinheiro, mas sim nas mercadorias que estavam sendo trocadas. O que vamos ver nesse capítulo é como ambos os tipos de dinheiro são complementares um ao outro. O dinheiro competitivo traz guerras, e o dinheiro cooperativo, a junção dos grupos. Aquelas sociedades não tinham a noção de poder sobre os outros, como veio a ter a sociedade escravista, com poder de vida e morte sobre os mais fracos, sobre os que possuíam menos dinheiro (os mais pobres). Daí o mistério do dinheiro. O dinheiro antigo criava uma relação positiva com a vida e com a morte, e o dinheiro posterior, que gera juros, ocasiona um poder destrutivo. Se na Pré-História os povos não fossem cooperativos, não sobreviveriam. Cada vez que morria um componente de um grupo, sua morte poderia desestabilizar o grupo inteiro, portanto o dinheiro servia à vida e não à morte.

O dinheiro nada cria e tudo orienta. Este é o paradoxo! Depois que começou a gerar juros, o dinheiro tornou as sociedades competitivas. E a tal ponto ele tem poder sobre a vida humana que está destruindo a natureza inteira. Por isso, temos de reinventar o Capital/Dinheiro, para que possamos sobreviver. Esse é o mistério do dinheiro.

Bernard Lietaer, em seu livro *The Mystery of Money*,[1] estudou as moedas complementares desde o começo dos tempos históricos. Encontrou uma no Egito Antigo que durou mais de mil anos e ajudou aquele país a se tornar o maior Império do mundo. E na alta Idade Média, do século X ao século XIII, encontrou moedas complementares que fizeram desse período o mais próspero dos mil anos que a época medieval durou.

As faces da moeda

Vamos chamar a essa moeda que gera competição, desigualdade, cobiça, roubo e guerras de moeda *Yang*, como o fez Lietaer, usando como comparação a totalidade *Yin-Yang* da mística chinesa. E vamos chamar de moeda *Yin* a outra metade, as moedas remanescentes, populares, cooperativas e solidárias que o povo usava entre si.

---

[1] Obra não publicada e disponível na Internet.

O quadro seguinte, feito por Bernard Lietaer, qualifica o *Yin* e o *Yang* como moedas da seguinte maneira:

MOEDAS

MOEDA OFICIAL YANG	MOEDA COMPLEMENTAR YIN
competição	cooperação
acumulação, concentração	circulação, doação, conexão
busca de metas, desempenho de crescimento	cuidado, qualidade de vida (não quantidade)
ter, fazer	ser
experiências de pico para cima e para baixo (crises)	anticíclicas / sustentabilidade
racional, analítica	intuição, empatia / síntese
lógica, mental, linear	paradoxal, físico-emocional, não linear
busca da certeza	manter ambivalência
a tecnologia domina	as aptidões interpessoais dominam
o maior é melhor, expansão	o menor é belo, conservação
independência	interdependência
a hierarquia funciona melhor	a igualdade funciona melhor
autoridade central	confiança mútua
planejamento, controle do futuro	caos auto-organizador, fé no futuro
causa e efeito	sincronicidade
as partes explicam o todo (reducionismo)	o todo explica as partes (holismo)

Coincidentemente, essa qualificação lembra as qualidades masculinas e femininas, atribuídas historicamente no mundo moderno a homens e mulheres. Já dissemos em vários livros que, na Pré-História, elas eram qualidades de homens e mulheres ao mesmo tempo, e só se dividiram no momento em que o feminino e masculino cindiram entre si, o que aconteceu na época do mundo agrário, em que a mulher ficava presa em casa, no domínio privado, e o homem na rua, no domínio público.[2]

As mulheres deixaram de participar na História e, silen-

---

[2] Cf. MURARO, Rose Marie. *Mulher no Terceiro Milênio*. Ed. Rosa dos Tempos, 1991.

ciosamente, faziam escambos entre si, quando eram das classes populares. Nas épocas em que só existia a moeda oficial, havia tempos de abundância e também de fome.

Ao fazer o estudo histórico das moedas, Lietaer percebeu que, quando a moeda Yin era ativa, era época em que as deusas eram valorizadas e a mulher também. No Egito, o culto de Ísis, a deusa da abundância, era o mais importante. E, na Idade Média, normalmente, as grandes catedrais eram dedicadas a Virgem Santíssima. Foi só por causa da moeda *Yin* que elas puderam ser construídas pelos camponeses. A devoção a Virgem nesta época foi a que ganhou o mais alto pináculo. A Virgem popular não era uma virgem branca, e sim uma virgem cor de terra (*The Black Madonna*), assim como foram madonas escuras Nossa Senhora de Guadalupe, no México, e Nossa Senhora Aparecida, no Brasil, ambas padroeiras desses países.

O caso do Egito

Por volta do ano de 1600 a.C., há sinais arqueológicos inequívocos de uma moeda complementar que consistia em potes de cerâmica (*Ostrakas*), onde os agricultores, que não vendiam todo o seu trigo, colocavam o excesso, selavam-no e os estocavam em armazéns. Por essa estocagem, obtinham recibos da quantidade de *Ostrakas* que lá deixavam e vinham apanhá-la quando precisavam. E pelo custo do armazenamento e da estocagem de dez Ostrakas, por exemplo, deixavam uma como pagamento.

Enquanto isso, os donos dos armazéns comercializavam as *Ostrakas* que ficavam girando na mão da população como medida do valor de serviços ou de outros bens. E isto durou mais de mil anos.

Diz Lietaer que 1600 a.C. coincidem exatamente com a ida de José para o Egito e com a profecia das sete vacas gordas e sete vacas magras. Como José tornou-se o controlador das finanças egípcias, é bem possível que as *Ostrakas* possam ser uma invenção sua. Quando o resto do mundo ficava sem trigo (ano de vacas magras), vinham adquiri-lo junto a esses comerciantes egípcios, aumentando assim a riqueza daquele Império. Havia sempre trigo disponível. Ele só acabou com a invasão dos romanos nos tempos de Júlio César, quando o Egito perdeu sua abundância. Além das *Ostrakas*, que eram moedas complementares locais, havia evidentemente moedas de ouro e prata (moedas oficiais), que serviam para pagar os impostos e todas as transações internacionais.

O caso da Idade Média

No caso da Europa, essas moedas começaram com Carlos Magno no século IX d.C., porque a lei obrigava todos os súditos do Sacro Império Romano-Germânico a recunhar as moedas com a efígie do novo soberano todas as vezes que os países do Império mudavam de governantes. E, por essa "recunhagem", as pessoas pagavam certa quantia. Na Alemanha, na mesma época, existiam placas muito finas de prata, chamadas *Brachten*, que também eram recunhadas periodicamente.

O ponto que une as moedas egípcias e essas outras moedas é a falta de interesse de seus possuidores em guardá-las, porque as fazendo circular o maior número de vezes possível (mais circulação), o lucro gerado era maior e, portanto, trazia mais trabalho para toda a população. Nos três séculos em que se usou a recunhagem na Europa, construíram-se as universidades e a maioria das grandes catedrais. Foi também um período de abundância dentro da Idade Média, que era marcada pela miséria dos camponeses. Mas nesse período havia abundância de comida e itens necessários para a sobrevivência de todos.

Fernand Braudell, um dos maiores historiadores do século XX, chamou esse período de renascença dentro da Idade Média. E esse período foi mesmo uma renascença, numa época de grande turbulência.

IX

AS MOEDAS COMPLEMETARES MODERNAS

A moeda complementar

Vamos agora analisar algumas moedas que já foram estudadas no capítulo II, quando nos referimos à história do dinheiro. Vimos por cima e agora aprofundaremos o que realmente eram essas moedas complementares.

Já contamos a saga dos *Tally Sticks*, que durante setecentos anos foram a moeda complementar usada entre os britânicos, que não tinham como "comprar" moedas de ouro e de prata. Os *Tally Sticks* eram gravetos vincados que, por um acordo informal entre o rei Henrique I da Inglaterra e o povo pobre, podiam circular como moedas, já que as de ouro e prata cobravam juros muito altos. Vimos que não só o rei, mas também o povo inteiro, estavam endividados junto aos Senhores do Dinheiro.

A autoridade real lastreava os valores dessas moedas de madeira e elas foram usadas para tudo, inclusive para pagar impostos durante aqueles setecentos anos. Assim, o povo pobre pôde comer, saindo do mercado oficial. E não só isso, a nação prosperou e, como já dissemos, foi sobre as moedas de madeira que se construiu o Império Britânico.

Outro exemplo que citamos também no mesmo capítulo foi o que levou os Estados Unidos a saírem da dominação dos ingleses. Asfixiados por dívidas impagáveis com os Senhores do Dinheiro, os colonos estadunidenses, capitaneados por Benjamim Franklin, imprimiram dólares de papel sem lastro ouro, que também eram moedas complementares, e se tornaram mais prósperos que a metrópole. O Dólar, tal como estava sendo usado, era apenas a medida do escambo, não servia como moeda de referência para impostos e não gerava juros. Como vimos também, os britânicos, irados, ordenaram o fim daquela "festa" e impuseram o uso unicamente das moedas de ouro e prata. Houve uma inflação enorme, o povo caiu na miséria e ouviram-se os primeiros tiros da revolução que veio a dar na independência dos Estados Unidos da América.

Há ainda o exemplo de Abraham Lincoln, que teve de imprimir dólares sem lastro ouro para pagar seus exércitos e iniciar a Guerra de Secessão, que deu origem ao fim da escravidão no país. Lincoln também estava endividado com os Senhores do Dinheiro e, por isso, criou essa moeda complementar (*Green Backs*), que foi informalmente usada até o final do século XX.

Em 2001, quando a Argentina estava falida pelo neoliberalismo de Menem, o peso não valia mais nada; o próprio povo argentino vivia de "feiras de trocas". Eles fabricavam em computador "moedas de papel" ("créditos") válidas apenas para as feiras de trocas específicas que se realizavam em grandes galpões de Buenos Aires. Era a época do *Corralito*. A classe média mais culta da América Latina havia sido brutalmente esmagada pela recessão e 25 mil pessoas, segundo testemunhas, entravam na linha da pobreza por dia! Nessa época (2001-2002), cem mil pessoas viviam do que encontravam nos lixões.

As "feiras de trocas", mediadas pelos "créditos", salvaram a vida de pelo menos cinco milhões de pessoas que trocavam entre si mercadorias e serviços, sem precisar de Peso para isso. O próprio governo argentino pensou em receber impostos em "créditos", mas essas feiras foram perdendo força, quando a Argentina reduziu unilateralmente sua dívida externa em 75% e o Peso voltou ao normal.

Outras moedas complementares

Em seu livro *The Future of Money*, o mesmo economista belga Bernard Lietaer (1942-) conta casos de outras moedas complementares usadas no século XX, exatamente em épocas em que moedas oficiais tinham falido. Lietaer, um dos criadores do Euro, é considerado o maior especialista do mundo em moedas. Conta ele, no capítulo VI de seu livro, que o Dr. Hebecker, dono de uma mina de carvão em uma cidadezinha da Alemanha, em 1923 – no tempo da super-hiper-mega inflação alemã advinda das perdas da Primeira Guerra Mundial –, estava quase falindo e não podia pagar seus empregados. Chamou-os e lhes disse: "Não tenho como pagar seus salários a não ser criando uma moeda de papel garantida pelo valor de seus salários em carvão. Só que essa moeda será composta de quinze selos e vocês só poderão receber os salários depois de usarem os quinze selos". Deu à nova moeda o nome de *Wara*.[1] Arranjou farmácias, armazéns e padarias que recebessem os selos do *Wara*, que valiam

---

[1] Lietaer, Bernard. *The Future of Money*. 2005, cap. VI, p. 265.

carvão, em uma época em que esse mesmo carvão era caríssimo. Basta dizer que as gorjetas deixadas em restaurantes pelos mais ricos beiravam os cem milhões de marcos alemães. Naquela época ficava mais barato forrar as paredes das casas com dinheiro, que não valia nada, que pintá-las.

Os operários, premidos pela fome, aceitaram a proposta, e os selos começaram a circular. "Milagrosamente" a cidade começou a prosperar. O povo tinha dinheiro para comprar comida, remédios, roupas, e chegou até a construir pontes e reformar prédios. E o valor de cada selo crescia à medida que ele circulava. Por exemplo, crescia vinte vezes, se o selo circulasse em vinte transações antes de ser trocado pelo carvão garantido. Houve casos em que o selo circulou mais de quatrocentas vezes antes de voltar a "ser" carvão. Logo, duzentas outras cidades inventaram também suas moedas locais. Duas mil firmas alemãs adotaram a mesma estratégia de Hebecker, criando suas próprias moedas.

Isso durou até 1931, quando o Banco Central alemão soube do êxito das novas moedas e as tornou ilegais, com receio de que competissem com a moeda oficial, o que não era o caso, pois aquela moeda complementar existia apenas para substituir a moeda oficial onde ela não circulava, isto é, nas camadas mais pobres. Por isso, estamos chamando-as de moedas complementares e não alternativas, porque elas não competem, e sim cooperam com a moeda oficial, trazendo abundância para onde não havia e fazendo com que toda a produção econômica circulasse mais rapidamente. O dono da mina, enfim, faliu e o povo voltou à miséria. Logo depois Hitler subia ao poder, baseado na insatisfação e na insurgência generalizada do povo alemão.

Em 1934, o prefeito da pequena cidade de Worgl, na Áustria, cujo município estava falido, possuía quarenta mil *schillings* (a moeda austríaca da época) e, em vez de fazer projetos com esse dinheiro, criou uma nova moeda, o *Worgl*,[2] nos mesmos moldes do *Wara,* lastreada pelos quarenta mil *schillings*, e logo a cidade prosperou, à medida que os *Worgls* foram circulando, aumentando assim muitas vezes o valor de cada *schilling*.

Muitas outras cidadezinhas seguiram o mesmo exemplo, e houve um período de prosperidade no país, que foi interrompido quando o Banco Central austríaco também decretou a ilegalidade do *Worgl* e das outras moedas locais (eram mais de duzentas). A miséria do povo aí também voltou e, com ela, a insatisfação de grandes camadas sociais.

Em 1937, um ano depois, Hitler, financiado pelos Senhores do Dinheiro de Wall Street (capítulo IX do presente livro), anexava a Áustria à Alemanha, apoiado na instabilidade social, como acontecera na mesma Alemanha, por ocasião da subida ao poder do Partido Nazista, baseado no banimento do *Wara* e das outras moedas, assim como na volta da inflação e da miséria.

Do outro lado do Atlântico, desde 1930, grassava a Grande Depressão. Muitas cidades estadunidenses fizeram também suas moedas complementares, a que chamavam de *Stamp Scrips*.[3] A força dessa moeda complementar foi de tal ordem que, quando chegou ao conhecimento de Irving Fi-

---

[2] Id., ibid, cap. VI, p. 268
[3] Id., ibid, ibdem, p. 271

sher (1867-1947), um dos maiores economistas dos Estados Unidos daquela época e professor da Universidade de Yale, este chamou Dean Acheson (1893-1971), então Secretário de Estado, que imediatamente foi procurar o Presidente Roosevelt, dizendo-lhe: "Esta moeda pode acabar com a Grande Depressão em três semanas". O presidente, então, ficou apavorado, colocou a moeda na ilegalidade e, mais tarde, distribuiu dinheiro ao povo em uma operação à qual chamou de *New Deal*. Era melhor do que nada, mas não foi o suficiente. A 2 de setembro de 1939, iniciou-se a Segunda Guerra Mundial, a maior que o mundo já viveu.

Depois da Segunda Guerra Mundial, tanto nos Estados Unidos quanto na Europa, as camadas mais pobres continuaram usando moedas complementares, e esse uso se espalhou por praticamente todos os países do mundo. No ano 2000, segundo Lietaer, havia 2.800 moedas complementares no mundo e, em 2008, mais de cinco mil.

X

O CONJUNTO PALMEIRAS

Brasil

No capítulo VII analisamos rapidamente a história da moeda Palmas. Neste capítulo vamos aprofundar essa história por uma razão que falaremos no final deste mesmo capítulo.

Foi no Brasil que apareceu um dos casos mais impressionantes e rápidos do mundo na criação de moedas complementares e, com ele, veio o surgimento de mais de cem tipos em dez anos!

Joaquim de Mello, de quem viemos falando, entrou no seminário aos dezessete anos, querendo dedicar sua vida aos pobres. Isso no Pará. O Bispo mandou-o morar no lixão da cidade e estudar diariamente no seminário. Foi naquele lugar tenebroso que o rapaz encontrou os mais despossuídos de todos os despossuídos. Eram cerca de duzentos homens e mulheres que ali moravam e comiam os restos de comida que podiam encontrar lá. Durante o dia, por causa do calor, não conseguiam fazer nada, devido à fraqueza, às doenças, ao álcool e às drogas.

Joaquim ia todas as tardes estudar no seminário. As irmãs tratavam dele, davam-lhe comida para refazer suas forças, cuidavam das inúmeras micoses de todos os tipos que apareceram e dos vermes que invadiram seu organismo. O rapaz era muito alto e magro e, por isso, devia ser mais sujeito a doenças que os outros. Junto com ele, foram mais dois seminaristas. Assim, continuou durante algum tempo, até que o rapaz começou a querer agir concretamente nos movimentos sociais da época, então proibidos pelo regime militar. E juntou-se a movimentos clandestinos para manifestar-se contra a pobreza. Não tinha propriamente interesses ideológicos, mas sim um interesse de transformar a vida dos pobres, interesse que o perseguiu a vida inteira.

Quando a polícia começou a persegui-lo, foi para o Ceará e se colocou a serviço do Arcebispo Dom Aloísio Lorscheider, considerado um dos bispos mais santos e chegados à pobreza do Brasil. O rapaz quis voltar para o lixão. E também ali lhe foi impossível fazer algo pelos que lá moravam. Assim, o Arcebispo o passou para uma favela sem água, sem saneamento, sem transporte, onde as pessoas trabalhavam muitas vezes por menos de um salário mínimo. Na casa paroquial, onde morava por ser da Igreja, começou a dar os sacramentos, e o que mais o chocava era o último sacramento: a extrema-unção. Muita gente morria de desnutrição, principalmente crianças. Ele e outros líderes daquela comunidade resolveram tomar uma atitude. Pegaram o corpinho de uma criança morta pela desnutrição e o colocaram bem na entrada da favela, chamando toda a imprensa. O corpinho da criança estava colocado num caixão para adultos, porque não existia mais caixão para crianças, tanta era a procura. Os moradores saíram em procissão pelas ruas da cidade para chamar atenção das autoridades. Essa ação ocasionou a criação da associação dos moradores local e, também, uma funerária que usava madeiras de construções abandonadas para fazer os caixões.

Ao mesmo tempo, surgia ao lado da favela um loteamento de casas de alvenaria, com saneamento básico, água e eletricidade, para funcionários da Marinha. A favela todos os anos inundava, e muitas vezes a água chegava até o pescoço das pessoas. Os moradores perdiam tudo. E todos os anos tinham de recomeçar.

Em meados de 1990, Joaquim de Mello, juntamente com outros ativistas, lideraram a invasão do loteamento. A invasão foi muito bem-sucedida e logo a Prefeitura, o Governador e até o Ministro do Planejamento ficaram sabendo. Nas negociações com as autoridades, os ativistas conseguiram verbas municipais, estaduais e federais, da ordem de dois milhões de reais. Com isso eles conseguiram fazer um canal para drenagem das águas e, nas partes secas mais altas, eles mesmos começaram a construir casas de alvenaria. Em pouco tempo, a favela se tornou habitável e livre dos barracos infectos.

Mas Joaquim estava preocupado. Percebeu que os mais pobres vendiam suas casas e iam para outras favelas, porque não conseguiam pagar as contas de água, eletricidade, IPTU etc., mesmo já pertencendo agora à classe média baixa. A comunidade àquelas alturas já estava bastante organizada, fruto de dez anos de trabalho de conscientização de Joaquim e dos outros líderes da comunidade. Estávamos no ano de 1997.

Foi aí que Joaquim, muito angustiado, teve a ideia de fundar um Banco Popular, mas não tinha um tostão. E aqui se inicia uma saga completamente original. Bateu na porta de todas as repartições municipais e estaduais que conhecia e todos riam em sua cara. Finalmente, encontrou um padre amigo seu, que havia seguido sua progressão da favela desde o início, apoiando-o muito. E foi com ele que conseguiu o primeiro capital, o capital inicial de dois mil reais, sendo que em suas contas precisaria de cerca de cem mil reais! Quando inaugurou o Banco, foi um estardalhaço. A sede era uma saleta da Associação de Moradores com nove metros quadrados, que só dava lugar para uma cadeira e uma mesa. Na festa da inauguração, a Secretária de Obras Sociais de Fortaleza quis entrar e tropeçou na porta, pois o lugar estava atravancado com as cadeiras que as pessoas haviam trazido de suas casas.

E Joaquim, o "banqueiro", fez os primeiros empréstimos entre R$ 100,00 e R$ 150,00 para os comerciantes dos pequenos estabelecimentos (apenas quatro) e de R$ 20,00 para as primeiras famílias que mais necessitavam. Os juros para os comerciantes eram de 2% ao mês e para as famílias não eram cobrados. E eles tinham um prazo de seis meses para devolver o dinheiro. Esse acontecimento gerou outro estardalhaço na mídia. Foi parar até no *Jornal Nacional* da Rede Globo.

Aí um acontecimento inesperado. Certo dia (era muito raro que algum carro cruzasse as ruas da favela) parou um grande carro preto com vidros escuros em frente da Associação e, de lá, saíram três pessoas, vestidas de preto, perguntando em altos brados: "O banco, onde é o banco?". Era uma equipe do Banco Central que monitorava todos os bancos, principalmente os bancos de comunitários, pois havia muita tramoia de bandidos que roubavam o dinheiro dos favelados. A equipe pensava que o Banco Palmas era um banco desses, uma outra tramoia. Mas quando a equipe viu Joaquim sentado numa mesinha, com R$ 15,00 numa caixa e um caderno, onde estavam os nomes dos tomadores de empréstimos, as quantias e os prazos, desconcertou-se. A equipe saiu, os agentes discutiram, mais logo depois voltaram dizendo que ele podia continuar, mas não pegando as economias da população e transformando em Palmas. Precisaria conseguir dinheiro de outra forma. E ele tinha seis meses para isso: conseguir um dinheiro "decente".

Nessa época, rapidamente, ele correu todas as instituições que trabalhavam com microcrédito e ONGs estrangeiras. Conseguiu falar com o encarregado da Oxfam, organização britânica que lhe emprestou quatorze mil reais. Findos os seis meses, ele tinha em caixa trinta mil reais e os tomadores já estavam pagando o que deviam. A inadimplência era praticamente zero. Os que mais custavam a pagar eram os líderes, porque achavam que seu trabalho deveria valer algum dinheiro.

Nessa nova fase, o critério de empréstimo era baseado na opinião que a vizinhança tinha sobre o tomador, e os "funcionários" do banco iam de bicicleta pela vizinhança saber se a pessoa era honesta para receber empréstimos. Nessa época, outra visita apareceu, mas Joaquim não viu, pois estava em um simpósio de estudos em Florianópolis. Era Luiz Inácio Lula da Silva, que ainda não estava em campanha para a presidência. Ele pegou um *Palma Card*, pelo qual era dado o empréstimo, e o levou para o programa do Jô Soares com seus quatro milhões de espectadores, dizendo que essa ação tinha de se espalhar pelo Brasil inteiro. Isso ocorreu no ano 2000. Foi um tumulto. A comunidade recebeu cartas e pedidos de entrevistas e conferências do Brasil inteiro. Eram tantas as cartas que assustavam a população da favela.

O Banco Palma já estava financiando, na base do microcrédito, os primeiros empreendimentos sociais da favela: a escola, a agência funerária, postos de saúde, centros de treinamento para jovens, a fim de que pudessem se qualificar para obterem empregos. Até que apareceram os limites. O dinheiro não era suficiente e as coisas precisavam ser feitas. Como fazer?

As moedas sociais

Naquele simpósio, feito em Florianópolis, Joaquim encontrou pela primeira vez o economista Marcos Arruda, também ex-seminarista, aliás grande amigo desta autora e coparticipante deste livro, que dedicava sua vida à economia solidária. A essas alturas, tanto Joaquim quanto Marcos já eram casados e chefes de suas famílias há muito tempo, e não mais seminaristas, mas sim pessoas inseridas na sociedade.

A conversa dos dois foi fundamental para Joaquim. Ele teve o primeiro contato formal com a moeda complementar de que ele tanto precisava. Nesse momento Joaquim percebeu que estava liderando uma experiência enorme de economia solidária, com toda a comunidade engajada, em um apoio gigante, pois naquela favela, quando Joaquim chegou, já havia mais de vinte mil habitantes. A leitura de seu livro emociona ao mostrar como ele fez tudo o que devia fazer sem nunca ter ouvido falar da existência de moedas sociais. E foi o microcrédito que o levou a pensar e a criar a Palma. Esta moeda que faz conhecer, no concreto vivido, todos os problemas enfrentados pelo Conjunto Palmeiras. Assim ele passou do microcrédito ao uso da moeda complementar, percorrendo todos os obstáculos que se opunham a essa economia dupla, de um lado capitalista, porque inserida no mundo capitalista, de outro, comunitária, que é exatamente o oposto ao Capital/Dinheiro.

Enfim o Conjunto Palmeiras conseguiu vencer esses obstáculos e, em menos de dez anos, colaborar na fundação de mais de cinquenta bancos comunitários pelo Brasil. O Banco hoje está girando dois milhões de reais e continuando a construir escolas e postos de saúde. A comunidade tem agora mais de trinta mil habitantes, todos de classe média baixa. E isso fez com que Joaquim de Mello fosse a vários outros países contar sua experiência.

O livro da vida de Joaquim de Melo, pasmem, foi escrito e publicado na França e não no Brasil.[1] E em um ano tinha vendido mais de seis mil exemplares. Isso é uma vergonha! É uma das biografias mais emocionante dos dias de hoje, porque não se afasta um centímetro da realidade, não a maquia nem a idealiza. Tem o dedo da verdade nua que achamos ser o fogo do espírito. E mostra com que facilidade podemos transformar esta realidade se estivermos no mais profundo de nosso ser, engajados no engrandecimento da espécie humana, e não em sua destruição, como vimos em nosso livro anterior. Esta é a lição! Muitas pessoas, incluindo esta autora, têm pouca confiança na espécie humana, mas esse testemunho do Joaquim nos dá forças para continuarmos.

---

[1] MELO, Joaquim de. *Viva Favela! Quand les démunis prennent leur destin em main*. Ed. Michel Lafon, 2009.
N.E. Este livro está no prelo da Editora Idéias & Letras.

TERCEIRA PARTE

TRANSFORMANDO O MUNDO POR DENTRO

XI

EDUCAÇÃO: MUDANDO AS CABEÇAS

Para entendermos porque passamos de uma cultura solidária para uma cultura competitiva e agora estamos tentando voltar novamente a uma cultura solidária, é necessário deixarmos de lado um pouco da parte econômica e analisarmos bem o que está por baixo da cultura competitiva desses dez mil anos. Para responder a essa questão, precisamos tomar alguns exemplos de culturas competitivas.

Vamos abordar parte de uma conversa com a doutora Maria Helena Henriques – durante vinte anos, encarregada na Unesco do setor da juventude. Ela correu inúmeros países fazendo esse trabalho, para mostrar o que acontece no mundo. Em primeiro lugar, comecemos com o Japão, a China e o Sudeste Asiático. São sociedades em que os jovens possuem uma extrema disciplina e que, ultimamente, têm tido um progresso mais rápido que qualquer outra sociedade na história humana, no sentido competitivo do termo. Para abordarmos a educação devemos, antes de tudo, conhecer o problema da educação nas diversas culturas como um todo. Não vamos falar do mundo inteiro, mas de dois exemplos extremos: o mundo norte-sudeste asiático de um lado; e o mundo ocidental, capitaneado pelos Estados Unidos, do outro; e assim mesmo resumindo muito.

No Japão, por exemplo, os jovens estudam pelo menos doze horas por dia em tempo integral. E, no fim do ano, se os pais os julgam suficientemente bons, têm como prêmio passarem a semana de férias estudando dezoito horas por dia com um tutor extra, qualificado para lhes aprimorar o conhecimento. Isso é uma coisa terrível, porque esses jovens têm muito pouco lazer e dedicam-se exclusivamente ao estudo. O maior índice de suicídios de jovens no mundo acontece no Japão. Quando não fazem isso, trancam-se no banheiro muitas vezes durante dias, sem falar com ninguém. As mães deixam a comida na porta e, de madrugada, eles apanham o prato e rapidamente o devolvem. Esse comportamento e essa não rebelião explicam-se pelos valores culturais que norteiam suas vidas. Aliás, é uma rebelião, mas autoprimitiva. A revolta está expressa na fuga e não na transformação. Na China, o problema é o mesmo.

Quando uma entrevistada perguntou aos jovens japoneses quais os valores que norteavam suas vidas, veio em primeiro lugar a palavra PACIÊNCIA. Desde que nascem são adestrados para obedecer, sem reclamar, e ter a máxima paciência, a submissão total. Em silêncio.

Daí, nesses dois países e no restante do Sudeste Asiático, termos hoje os maiores especialistas em ciências de ponta. Para eles, amor, como nós conhecemos, nada significa, porque muitas vezes são sujeitos a castigos corporais extremos.

Por ocasião das Olimpíadas na China, um documentário mostrou uma menina que não ganhou o primeiro lugar que o pai queria e foi severamente castigada, achando aquilo tudo normal. Assim, para essas culturas, o amor tem muito a ver com a violência, e eles aguentam a violência da sociedade competitiva, achando, desde a infância, que ela é "natural". Veja o(a) leitor(a) a Guerra do Vietnã, em que foram derrubados os Estados Unidos, e os kamikazes japoneses que, na Segunda Guerra Mundial, davam a vida disciplinadamente por sua pátria.

Do outro lado, vamos ver o mundo ocidental, que durante alguns séculos foi constituído dos países mais "avançados" do mundo, principalmente os anglo-saxões, e que agora, como sabemos, estão em declínio acelerado. Até meados do século XX, antes da criação da cultura de massas, submetiam-se a uma rígida disciplina e a um estrito puritanismo por motivos religiosos. Pois para o protestantismo, salvava-se aquele que era trabalhador, e o preguiçoso era condenado. A cultura de massas criou, por meio da tecnologia moderna, uma sociedade de consumo. E, para consumir, eles tinham de relaxar esses laços de severidade puritana e comprar e usufruir cada vez mais aceleradamente, até que no início do século XXI tudo começou a explodir, conforme já vimos.

Na primeira época, eles também "carregavam sua cruz" com toda paciência, tal como os asiáticos fazem até hoje. E depois relaxaram totalmente os costumes e começaram a entrar em declínio na sociedade competitiva. Isso está acontecendo com a Europa e com os Estados Unidos. De puritanas, suas sociedades passaram a ser hedonistas, e não estão aguentando a competição.

O que pensar dessa situação, é a mesma nos dois casos? Em geral, a obediência sem questionamentos vem de valores "religiosos", e são eles que estão por baixo da sociedade competitiva. O amor é transformado em obediência aos pais e ao sistema econômico. O amor romântico, como conhecemos hoje no Brasil, é um fato muito recente na história humana. E ainda é muito mal-assimilado. Ele só pode ser assimilado, como deve, em uma sociedade solidária, como veremos adiante. Hoje, por causa desses valores antigos, o mundo é dividido em senhores e escravos, opressores e oprimidos, e a maioria das pessoas julga isso natural. O Ocidente, agora, está em uma fase de transição.

A sociedade de classes

Estudamos o caso do Brasil em nosso livro *Sexualidade da mulher brasileira: corpo e classe social no Brasil*,[1] no qual abordamos as relações entre o inconsciente e o econômico. Aqui também vamos ver o caso dos extremos: a classe rica – opressora; e os mais pobres – os oprimidos. E, assim, poderemos entender melhor o caso dos países da Ásia. Porque esses valores começam antes do nascimento, a partir do inconsciente.

As mães camponesas, ali estudadas, eram desnutridas, davam à luz crianças subnutridas e não tinham, por isso, leite suficiente para dar aos filhos. Assim, a criança desde que nascia, inconscientemente, achava que sua fome não era para ser satisfeita. E, a partir daí, todos os seus outros desejos eram concebidos para não serem satisfeitos. Isso explica, além da passividade (paciência) dos camponeses, sua religiosidade, que os mantinha vivos, a submissão ao patrão que lhe dava apenas um terço do que precisavam para suas necessidades e, especialmente, o machismo, em que a mulher achava ser vontade de Deus cuidar de quantos filhos pudesse ter. Por isso, ela obedecia ao marido, que muitas vezes batia nela e nos filhos, quando

---

[1] MURARO, Rose Marie. *Op. cit.*. Vozes, 1983; Record, 1996.

não vinha bêbado para casa ou tinha outras mulheres, porque ele também era maltratado pelo patrão. Passando assim, de geração em geração, a paciência da submissão do oprimido.

Pelo lado do opressor, nas diversas culturas, esses tinham todas as suas necessidades satisfeitas e, desde que nasciam, inconscientemente, achavam que seus desejos deviam ser satisfeitos, porque sua fome também o era. E que o mundo lhes pertencia por direito, porque, desde a infância, outras pessoas lhes obedeciam. Dessa forma, passava de geração em geração a opressão como um direito dos mais fortes.

Isso é tão verdade que na sociedade escravista nem o corpo do escravo lhe pertencia, e sim a seu dono, que podia dispor dele como quisesse. Tal como as mulheres que, no mundo inteiro, aprendiam que seu corpo pertencia a seus maridos antes de pertencerem a elas. E, por isso, perpetuava-se, também de geração em geração, a opressão do homem sobre a mulher. Elas não tinham direito ao amor. O casamento era feito por vontade dos pais, tanto no Ocidente como no Oriente (casamento por aliança).

Portanto, não vale para a humanidade inteira o princípio freudiano de que a relação mãe e filho é a relação primordial. Mas, diferentemente, a relação primordial é a relação entre os filhos e o lugar que a mãe ocupa no sistema produtivo. É muito diferente o filho de uma mãe rica do de uma mãe pobre, como vimos exaustivamente no trabalho *Avanços tecnológicos e o futuro da humanidade: querendo ser Deus?*[2]

---

[2] *Op. cit*. Rio de Janeiro: Editora Vozes, 2009.

Cremos que fica, assim, desmitificada a noção de egoísmo e altruísmo. Em uma sociedade competitiva, o altruísmo é impossível, mesmo na relação da mãe com seu filho pequeno, porque ela também é oprimida, inclusive na classe dominante. Ela só pode satisfazer seu prazer clandestinamente e os homens aprendem, no seio da mãe, a fazer todas as fraudes que quiserem sob uma capa de legalidade.

Quando observamos de um ponto de vista generalizado as culturas, podemos entender o que é necessário para transformarmos o mundo competitivo. Ele depende da cumplicidade do oprimido e de sua não rebelião (pelos motivos religiosos que analisamos). E a única maneira de atingirmos o altruísmo é pela educação desde o seio materno, passando pela escola e continuando pela fase adulta da vida. Antes de chegarmos a esses princípios, devemos mostrar que a violência contra a mulher é a violência básica, uma vez que é a primeira a ser percebida pela criança logo ao nascer.

Quais são, portanto, os valores necessários para conseguirmos uma educação que tire o mundo da perigosa enrascada em que a competição o está colocando?

Por incrível que pareça, foi a sociedade de consumo que começou a questionar esse inconsciente coletivo de dominação. Por meio da televisão e dos computadores mais recentemente, os oprimidos podiam ver como os mais ricos tinham tudo o que queriam e eles não.

Nos anos 1970, começou uma rebelião que se espalhou pelo mundo inteiro: a rebelião dos jovens, das mulheres e dos negros contra os estereótipos que os vitimavam. Essa rebelião começou a questionar em profundidade o sistema competitivo e nos deu um esboço, ainda incipiente, de como seria um outro sistema, o solidário. Isso começou no Ocidente e ainda está em seu nascedouro nas outras culturas competitivas.

Ao contrário do que pensam os economistas, "o buraco é mais embaixo".

XII

EDUCAÇÃO E ESTEREÓTIPOS

Um estereótipo é um padrão de comportamento considerado "normal", mas é fabricado pela sociedade como uma camisa de força, para que as atitudes de pobres e ricos, de homens e mulheres, de negros e brancos, homogeneízem-se e sirvam aos interesses dela. Já vimos no capítulo II, ao falarmos das culturas e das classes, como nascem esses padrões de comportamento a partir do inconsciente e do nascimento das pessoas, padrões esses que apoiam e permitem a injustiça do sistema.

Por exemplo, os negros e as negras dos Estados Unidos, por causa da cor de sua pele, em geral, são banidos das escolas em que só há brancos. Só muito recentemente, conseguiram entrar em algumas universidades, e são marginalizados. Uma militante feminista negra, conhecida desta autora, cujas amigas, todas negras, viviam sozinhas, porque os maridos ou haviam sido assassinados, ou estavam na prisão, é prova disso. Não nos deteremos neste livro sobre os estereótipos de raça e etnia, porque eles exigem um estudo muito aprofundado, e esta autora não é negra, por isso recusa-se a falar daquilo que não vivencia.

As relações de gênero servem ao sistema dominante. A ONU dedicou, pela primeira vez, o ano de 1971 à mulher e, para comemorar, patrocinou uma pesquisa no mundo inteiro sobre a condição da mulher, chegando aos seguintes resultados:

– As mulheres fazem 2/3 do trabalho mundial e ganham 1/3 do salário que ganham os homens. Isso com diferença de país para país, mas ainda válido em âmbito mundial.

– As mulheres possuem 1% do poder político mundial e também 1% do poder econômico.

Hoje, a situação já melhorou, graças à ação das próprias mulheres, e em relação aos negros e indígenas também. A América do Sul já nos deu presidentes mulheres (duas na Argentina, uma no Chile, uma no Brasil); três presidentes índios, um na Bolívia, um no Uruguai e outro no Equador; um presidente bispo pela Igreja católica no Paraguai; um presidente operário, aqui no Brasil; e, nos Estados Unidos, um presidente negro, votado maciçamente pelos brancos. Agora as mulheres têm conseguido uma representatividade cada vez maior no Poder Legislativo, sendo uma das menores a do Brasil, com 10% na Câmara Federal, 13% no Senado e apenas 20% nas Assembleias Municipais e Estaduais durante o Governo Lula. Há países mais avançados, como os da Europa Nórdica, onde esse número chega a 50%, e não é espantoso que esses países tenham o maior Índice de Desenvolvimento Humano (IDH) entre os primeiros em desenvolvimento humano do mundo. Os negros e as negras na África já estão conseguindo, pouco a pouco, sua libertação. A própria África do Sul, país com os estereótipos e preconceitos mais fortes do mundo sobre os negros, a partir do carisma de Nelson Mandela, colocou-se na ponta da luta contra os estereótipos que excluem os negros. Muitos progressos já foram feitos, mas ainda há muito, muito por fazer. Até hoje no Brasil e em alguns outros países do mundo, os maiores salários vão para os homens brancos, em segundo lugar para a mulher branca, em terceiro o homem negro, em último lugar para a mulher negra. Isso mostra que a riqueza do sistema dominante/dominado repousa sobre os estereótipos sexuais e raciais.

Neste capítulo, trataremos apenas de alguns estereótipos de gênero, deixando para estudos futuros os outros estereótipos que também pretendemos identificar e trazer à tona de toda a sociedade. Contudo, sabemos que, na América Andina, os movimentos de libertação indígena são poderosos e esperamos que eles continuem defendendo suas culturas e suas terras.

Quais são os estereótipos de gênero?

Em todas as classes sociais, em nossa pesquisa, as mulheres aparecem com um *status* inferior ao *status* masculino. Embora uma mulher de classe dominante tenha um *status* superior ao dos homens de outras classes sociais, da classe média para baixo, seu *status* é sempre inferior ao dos homens de sua classe. A essa inferioridade da mulher e superioridade do homem na área econômica, que já foi estudada nos outros livros nossos e que existe há cerca de dez mil anos, chamamos de patriarcado.

É o patriarcado que sustenta todo o sistema competitivo, essencialmente corrupto e fraudulento, porque a primeira dominação que a criança vê desde que nasce é a dominação do pai sobre a mãe e, portanto, a dominação do homem sobre a mulher. A primeira das dominações é a de gênero. E a primeira das violências em qualquer etnia é a violência de gênero.

Esta autora teve a honra de estar presente na Universidade de Browne (Rhode Island) nos Estados Unidos, em 1988, na hora em que estava sendo tabulada uma pesquisa representativa da população dos Estados Unidos, mostrando que 66% de todas as mulheres daquele país ou apanhavam, ou tinham apanhado de pais ou maridos. É uma percentagem altíssima e surpreendente. Aqui cabe uma palavra sobre a violência no sistema competitivo, no qual impera a lei do mais forte. A violência do Estado, fundada na violência dos mais fortes sobre os mais fracos, é, ela mesma, baseada na violência dos homens sobre as mulheres, violência esta que é aceita como "natural" pela sociedade inteira, e que as crianças percebem desde seu nascimento.

Dessa forma, vemos que falar em educação de crianças tem a ver com a natureza do Estado, com o sistema sociopolítico e econômico e com a cultura na qual vivemos. E a função do professor-professora é muitíssimo mais importante que a simples função de transmitir conhecimentos em sala de aula. Porque com esses conhecimentos se transmite a cultura inteira. Isso porque, antes da escola, essa cultura, desde o seio materno, é transmitida pela família. Portanto, podemos dizer que são a escola e a família os dois pilares do sistema em que vivemos.

Vamos agora nos deter, rapidamente, sobre outra categoria: a classe social. A classe social é uma concepção de Marx, formulada no século XIX, quando ele atinou com uma luta silenciosa e intensa entre opressores e oprimidos, entre pobres e ricos, que ninguém mais percebia. Toda cultura achava "natural" a existência de pobres e ricos, e foi Marx quem descobriu a estrutura concreta da luta entre pobres e ricos, e isso acabou mudando a face do mundo.

Nas primeiras décadas do século XX, quase metade do mundo se tornou socialista/comunista, deixando essa luta clara e mudando a consciência das pessoas sobre a natureza da pobreza e da riqueza. Mas, em fins do século XX, ainda a relação homem/mulher era uma relação opressor/oprimida, e todos também achavam isso natural. Até que as mulheres criaram a categoria Gênero, que dava conta das relações de opressão que o patriarcado havia criado, não só entre pobres e ricos, mas também entre homens e mulheres. Essa categoria vem a ser a categoria complementar da classe social e está mostrando ser ainda mais importante que esta: se pela luta das classes os seres humanos desejam acabar com as relações econômicas de dominação, por meio da luta de gênero as mulheres simplesmente querem acabar com o patriarcado.

Este livro, que tem como finalidade contribuir para a transformação da relação pais-mães/filhos-filhas e professores-professoras/alunos-alunas, já tocou rapidamente nas relações de classe na educação. E, agora, procurará elucidar as relações de gênero que estão por baixo das relações de classe. Existem os estereótipos de classe, mas, de longe, os mais importantes são os estereótipos de gênero, base dos estereótipos de classe.

Os estereótipos de gênero estão no centro das relações familiares e educacionais. Quando a mãe e/ou a professora diz: "menino, largue essa boneca, homem não brinca de boneca" ou "menina, feche as pernas, você já está ficando mocinha!", ou ainda: "homem que é homem não traz desaforo para casa" etc., está criando um fosso, entre meninos e meninas, que mais tarde vai tornar-se a raiz da dominação do homem sobre a mulher em todas as classes sociais.

Isso tudo devido aos estereótipos que são "enfiados" em suas cabeças desde que nascem; primeiro, na família e, a seguir, na escola. Tomemos como exemplo o "homem não brinca de boneca", que, aliás, é o título de um excelente livro[1] sobre gênero para crianças, escrito pelo sexólogo Marcos Ribeiro.

Quando se diz "menino não brinca de boneca", isto quer dizer que o menino nada tem a ver com os trabalhos de casa e com tudo o que se refere à reprodução da vida (que transcende a casa como tal). A casa fica sendo domínio só da mulher, enquanto esse estereótipo, juntamente com "homem que é homem não traz desaforo para casa", traduzem o domínio do homem na rua, na competição, no jogo bruto, como sendo "naturais". O vencedor na infância, mais tarde, vai querer ser vencedor no jogo pesado da competição, do ganha/perde, em que o perdedor introjeta o mito de que ele desde a infância está fadado a perder sempre. Ainda mais, que não se deve meter com os mais fortes, porque fatalmente perderá. E quando em uma sala de aula o professor(a) pergunta: "Joãozinho, qual a capital da Itália?" e ele não sabe, logo o Zé se levanta e diz: "Eu sei, é Roma". Nesse caso, ele(a) humilha um e exalta o outro quando diz: "Muito bem, Zé. Viu, Joãozinho, como o Zé sabe mais? Você tem de estudar melhor". É assim que ele(a) inconscientemente reforça os estereótipos vigentes.

Graças a todos esses estereótipos, o mundo fica dividido em dois grandes setores, o dos perdedores e o dos ganhado-

---

[1] Publicado pela Editora Salamandra/Moderna.

res. E também pelo mesmo mecanismo, o do privado, que é o domínio da mulher (a perdedora), e o público, domínio do homem, o único que tem o direito de lutar pelo poder, pela riqueza, pelo prestígio; enquanto a mulher fica em casa cozinhando, lavando, passando e cuidando dos filhos, recebendo passivamente seu sustento dos homens.

Se formos analisar uma imagem que até recentemente aparecia em todos os livros didáticos, como sendo o modelo da família feliz, veremos o pai chegando do trabalho com a pasta debaixo do braço, a criança brincando, a mãe bordando e uma empregada negra cozinhando. Quando mostramos essa figura a crianças de favela, elas choraram. Por quê? Primeiro, o pai não vive em casa; segundo, quem sustenta a família é a mãe, em geral negra e trabalhando como faxineira, diarista ou empregada doméstica. Quem cozinha e faz o trabalho da casa são as crianças. Esse é o retrato verdadeiro da família brasileira pobre.

Essas figuras, além do estereótipo de classe e gênero, têm o estereótipo de raça e etnia. Pois, além do gênero e da classe social, a raça/etnia é o terceiro lado do tripé da dominação dos mais fortes sobre os mais fracos. Porque é "natural" que os que têm pele mais escura sejam escravos ou servidores dos que têm pele mais clara. E isso desde a Bíblia, caso de Noé, em que o filho de pele escura é castigado com a escravidão, porque riu da nudez do pai (Gênesis, cap. 3). Tal como Eva, o oprimido é sempre o culpado de sua opressão.

Um dos maiores geógrafos do mundo, laureado em muitos países, Milton Santos, brasileiro, negro, muitas vezes tinha de entrar nos prédios pela porta de serviço, por causa da cor de sua pele. Fato este presenciado por esta autora.

Mas, voltando aos estereótipos de gênero, que estão em quase todos os livros didáticos e no inconsciente da grande maioria dos alunos, vamos dar mais alguns exemplos.

Na língua portuguesa, usa-se a expressão "o homem" quando queremos falar da humanidade em geral e a expressão "a mulher" quando queremos referir-nos à mulher em particular, em vez de dizermos "o ser humano" ou "as pessoas" quando nos referimos ao geral.

Outro exemplo: vagabundo significa o homem que não quer trabalhar e prefere a delinquência, e vagabunda é a mulher que é prostituta ou ao menos promíscua.

Ainda mais um: quando temos em uma sala cinquenta mulheres e um homem, precisamos nos dirigir, por convenção gramatical, a todas as pessoas presentes no masculino. Enquanto o correto seria nos dirigirmos no feminino quando a maioria fosse de mulheres e no masculino quando a maioria fosse de homens ou encontrar uma forma comum aos dois gêneros.

Agora que a mulher soma quase 50% da classe trabalhadora brasileira, não há mais uma diferença entre o âmbito público e o privado. Mas a mulher continua – quando não tem uma empregada doméstica – fazendo os trabalhos do emprego que tem fora de casa e também todo o serviço dentro de casa, graças ao famigerado "menino não brinca de boneca". Essa é a famosa dupla jornada de trabalho das mulheres.

Em nossa pesquisa sobre a sexualidade de homens e mulheres, uma operária de São Paulo, casada e mãe de dois filhos, disse-nos: "Estou grávida. Passo duas horas em pé no ônibus, porque ninguém me dá lugar. Na fábrica, fico oito horas em pé em frente à máquina, em meio a uma barulheira infernal. Na volta, venho outra vez por duas horas em pé no ônibus. Quando chego em casa, meu marido pega o jornal, vai ler e me diz: 'agora você vai fazer o trabalho de casa, porque você é a mulher'". E ela termina: "Vou fazer um aborto, porque não aguento mais". Ela precisa ficar neste casamento, porque ganha menos que o marido e o dinheiro dele é essencial para a sobrevivência da família.

Assim, fica claro como repousa sobre o excessivo trabalho da mulher, principalmente da mulher negra, toda a relação dominador/dominado, inclusive no âmbito mundial, como provaram as Nações Unidas. Seria muito importante se o(a) leitor(a), pai/mãe ou professor(a), fizesse o seguinte exercício com suas crianças: dê algumas folhas de papel para seus filhos e, em uma delas, peça para eles colocarem o horário que o pai faz as tarefas dentro de casa de um lado e, do outro lado, nas mesmas horas, o que faz a mãe. Em uma outra folha, peça para que eles coloquem o que é tarefa de menino e o que é tarefa de menina. Isto é, o que o menino pode e não pode fazer e o que a menina pode e não pode fazer. Em uma terceira folha, peça para as crianças colocarem, de um lado, quais são as características e os comportamentos femininos e, de outro, as características e os comportamentos masculinos. Nessa última folha, provavelmente você verá que meninos e meninas acham que a mulher é mais fraca que o homem e, por isso, necessita da proteção dele.

É preciso que o(a) leitor(a) saiba que o Presidente da maior universidade americana (Harvard), chamado Larry Summers, disse publicamente que havia menos mulheres nos cursos de Ciências Exatas, porque essas eram naturalmente menos dotadas para essas ciências. Essa declaração gerou um escândalo e ele foi despedido por essa e outras afirmações. Pesquisas, feitas no mundo inteiro, mostram que homens e mulheres têm a mesma capacidade para as Ciências Exatas e, também, para as Ciências Humanas, para a condução do Estado e para os trabalhos de casa. Elas mostraram, ainda, que nas Ciências Exatas as mulheres eram quatro vezes menos estimuladas que os homens a seguir essas carreiras. E no domínio da casa, está claro, pelo que dissemos neste livro, o homem é maciçamente desestimulado, principalmente pelas mulheres, a não fazer o que elas são obrigadas a fazer.

Deixei por último o caso de nossa Presidenta Dilma Roussef, porque é um dos casos mais importantes do mundo de quebra de estereótipos. Além de ser espantosamente capacitada tecnicamente, é capaz de chorar em frente às câmeras de TV, quando em 2011, no Rio de Janeiro, várias crianças de uma escola pública foram barbaramente assassinadas por um doente mental. É assim: mulher competente chora!

XIII
O MUNDO ATUAL DESMENTE OS ESTEREÓTIPOS

Quando esta autora esteve em 1997-1998 nos Estados Unidos e telefonava para algum amigo homem, em geral ele estava lavando o banheiro ou alimentando as crianças. Em 1977 (vinte anos antes), tinha feito a mesma viagem e, então, as mulheres estavam revoltadas com a dupla jornada de trabalho. Isso significa que, em vinte anos, devido às lutas das feministas dos Estados Unidos, elas conseguiram que tanto homens quanto mulheres tivessem cada um uma jornada e meia de trabalho. Mas a diferença é que nos Estados Unidos há mais de cinquenta milhões de feministas, tal qual na União Europeia, porque esses são países mais desenvolvidos, não só tecnologicamente, mas também em termos de gênero.

No Brasil, acreditamos que não haja mais de dez mil feministas, já que o sistema ainda resiste à libertação da mulher, chamando as que militam nesse ramo de lésbicas, mal-amadas, insatisfeitas, invejosas do homem etc. É por isso que o Brasil ainda não atingiu um grau de desenvolvimento sociopolítico e econômico suficiente para chegar perto dos países do chamado "Primeiro Mundo", outro estereótipo, desta vez em relação aos países! A realidade da maioria dos países de Primeiro Mundo é cruel e desumana, tal qual mostra a globalização. Por exemplo, nos Estados Unidos, 58%

da população não têm acesso às vantagens da globalização. E a China está invadindo o mundo com produtos baratos à custa de trabalho escravo. Mas há uma consciência das injustiças que está emergindo, por causa do sistema competitivo – lembrem-se do "menino não brinca de boneca".

O meio ambiente está sendo superexplorado, como estão sendo superexplorados os pobres. Calculamos que se nada for feito nos próximos cinquenta anos, estaremos em sério perigo de extinção. Aí aparece a questão de gênero. As mulheres que entraram maciçamente na força de trabalho trazem para o domínio público os valores femininos de "proteção e manutenção da vida", diferentemente dos valores masculinos, baseados na busca de "lucro a qualquer preço" e do "salve-se quem puder".

É assim, tão longe, que nos leva um simples problema de educação em casa ou em sala de aula, cuja solução faz meninos e meninas ficarem mais próximos e, em última análise, pode até salvar nossa espécie.

Da revolução da mulher à revolução do homem

Já que quase todas as mulheres trabalham hoje fora de casa e, portanto, podem produzir suas próprias sobrevivências sozinhas, não se justifica mais a divisão entre os domínios público e privado, tal como foi atribuído a mulheres e homens. Se a mulher foi para o domínio público, é muito importante que o homem vá para o domínio privado, como está acontecendo nos países economicamente mais desenvolvidos. O que isso significa para a vida das crianças pequenas?

Talvez essa revolução do homem seja a maior revolução dos últimos dez mil anos, uma vez que ela pode dar um golpe de morte no patriarcado. Como?

Quando somente a mulher cuidava da criança, caía sobre ela toda a responsabilidade de dar amor. O amor era representado pela mãe, e o homem, que trabalhava fora de casa, representava a lei, o mundo exterior. Deste modo, os meninos identificavam-se com o domínio público, ao se identificarem com o pai. E as meninas identificavam-se com o amor e também com o domínio privado, ao se identificarem com a mãe. Ora, isso trazia consequências muito surpreendentes.

A situação da mulher em todas as casas era de inferioridade econômica e psicológica (mesmo quando autoritárias). O menino rejeitava a mãe, porque ela pertencia ao pai e não a ele (menino), e tinha medo do pai. Por outro lado, a menina também passa a rejeitar a mãe, porque não queria identificar-se com uma pessoa inferior. Assim, a mãe via-se rejeitada por filhos e filhas. Isso se reproduzia de geração em geração, ocasionando, assim, a desigualdade entre os gêneros.

Quando o pai entra no domínio privado e começa a fazer trabalhos de casa, especialmente cuidando da criança, trocando fraldas, dando de comer tal qual a mãe, levando a criança para a escola ou ao posto de saúde, se necessário, uma nova realidade surge. O menino não se identifica mais com alguém de quem tem medo ou até odeia inconscientemente, já que o pai é dono da mãe, aquela que ele, menino, mais ama e quer só para si. Ele agora se identifica com um amigo, com uma "outra mãe", de quem não tem medo, mas pode amar. Dessa forma é que o menino perde o medo do amor e, quando homem, será completamente diferente dos homens convencionais de hoje.

Na cultura patriarcal, a violência masculina, raiz da corrupção, das fraudes e das guerras, vem do medo que o homem tem do amor, da sensibilidade, da emoção, que – pensa ele – o tornam feminino, ou seja, mais frágil, um perdedor. Nada disso é natural, é fabricado, fruto amargo da cultura patriarcal (e contínua). Mas, exercendo o amor e uma intimidade com seu filhinho ou sua filhinha, o homem vai aos poucos perdendo o medo do amor e se tornando, sem receio, mais humano e menos reprimido. O filhinho, por sua vez, já nasce sem medo do amor e de que o amor lhe tire a masculinidade; por isso, torna-se mais sensível, mais humano.

Por outro lado, quando a relação pai/mãe era de opressão em casa, a criança achava natural qualquer sociedade opressiva e, portanto, violenta. Agora, quando ela vê pai e mãe tomando conta dela igualmente, ela já não aceita mais esse tipo de sociedade, e sim uma sociedade democrática e pluralista, isto é, com mais de um centro de poder. Nunca existiu democracia no mundo patriarcal, exatamente porque era impossível ao homem, dentro da família, o exercício do amor. Nem a democracia dos Estados Unidos, que se orgulham tanto de sua liberdade, é uma verdadeira democracia, pois ela é a pior das ditaduras econômicas que o mundo já conheceu.

Neste contexto, a mulher também cresce, ela não precisa mais sentir-se inferiorizada e, assim, pode assumir todas as suas potencialidades. Pode, ao mesmo tempo, ser uma boa profissional, uma boa mãe e uma boa companheira. Não precisa mais fingir que é burra para obter o amor do homem. Na última estada desta autora nos Estados Unidos, ficou claro que muitos homens estavam preferindo companheiras feministas, porque as consideravam mais iguais a eles e, portanto, dignas de mais respeito. As outras são muito dependentes.

Um país não se pode considerar realmente desenvolvido se não promove igualmente suas duas metades, a masculina e a feminina. Então, se o Estado não desenvolve a parte feminina, o sentido de proteção e de manutenção da vida fica mergulhado na competição, na abstração e na desumanização. Só os dois gêneros juntos podem reverter o processo de destruição da espécie que se iniciou com a loucura do patriarcado. O que de fato precisamos é de um mundo integrado e altruísta.

XIV
COMO AGIR CONCRETAMENTE COM AS CRIANÇAS

Esta autora teve dois filhos homens: o mais novo gostava muito de brincar com boneca e nem por isso se tornou um "mariquinhas", mas um excelente executivo e muito terno, tanto com seu único filho, quanto com a esposa; já o mais velho, que desde criança pequena adorava carros e não gostava de bonecas, também se constituiu como um excelente profissional, mas é rígido e preconceituoso. Assim, tratar meninos e meninas igualmente, em casa, é essencial para fazer com que suas personalidades sejam mais ricas e mais humanas. Fazê-los brincar de casinha juntos, inclusive os meninos cuidando das bonecas, deixá-los jogar juntos jogos de futebol ou brincar de lutas sem separar meninos e meninas os tornarão mais companheiros para o resto da vida.

Quando a netinha mais velha desta autora tinha dois anos, estava com um cinto no qual colocou um revólver e uma chupeta. Vendo aquilo esta autora lhe perguntou: "Você gosta de brincar mais de luta ou mais de boneca?". Ela respondeu: "De luta". "E você tem pintinho ou florzinha?" E ela respondeu: "Florzinha". Nem por isso ela se tornou masculinizada. Hoje, é profundamente humana e trabalha na área das Ciências Exatas – aquela que o Presidente de Harvard achava que as mulheres não tinham condições de exercer por serem inferiores –, unindo a Ecologia, que é ciência humana, às Ciências Exatas mais sofisticadas (é oceanógrafa).

É de todo necessário que meninos e meninas aprendam a cozinhar, lavar, passar e cuidar dos irmãos e irmãs menores, se os tiverem. Pois, é isso que daqui por diante tenderão a fazer, quando tiverem sua própria família. Já hoje, nas camadas médias profissionais, que estão tornando-se empobrecidas, fica mais e mais difícil ter empregadas domésticas, tal qual ocorre nos Estados Unidos e na Europa. Esse tipo de trabalho manual e o companheirismo os tornarão mais realistas e maduros. Daqui em diante, homens e mulheres precisarão saber fazer tudo em casa e no trabalho!

Mais um exemplo: nos tempos pré-históricos, havia os trabalhos próprios para homens e os para mulheres, mas cuidar dos filhos era um trabalho tanto de homens quanto de mulheres.

Vamos agora ver alguns exemplos do que podemos fazer na escola, isto é, como trabalhar o gênero nas diversas matérias escolares. Vamos, para isso, usar os exemplos do livro já citado do professor Marcos Ribeiro: *Menino brinca de boneca?*

Já abordamos rapidamente como se deveria transformar o ambiente de casa para erradicar os estereótipos de gênero entre meninos e meninas, inclusive na área do trabalho doméstico e da linguagem. Vamos dar algumas "dicas" ao(à) professor(a) de trabalhos que podem ser feitos em classe. O primeiro e mais importante de todos, a nosso ver, é separar em grupo os meninos das meninas e fazer com que o grupo de meninos execute os trabalhos e brincadeiras que as meninas fazem em casa. Enquanto isso, em um bloco de papel, as meninas anotarão o que os meninos fazem e a impressão que tiveram das emoções que esses sentiram. A seguir, o(a) professor(a) fará uma inversão com as meninas, realizando as atividades masculinas, e os meninos as observando.

Em uma segunda fase, as meninas discutirão em conjunto e prepararão um "documento" que resuma as emoções, convergências e divergências que tiveram ao se verem retratadas pelos meninos. Nesse mesmo tempo, em outro lado da sala, os meninos deverão fazer o mesmo.

Em uma terceira fase, os dois "documentos" serão lidos com a turma inteira reunida para a discussão, sendo escrito um outro "documento" final que dê conta dos sentimentos da turma como um todo. Isso poderá ser de extrema importância para que meninos e meninas se conheçam e possam modificar as atitudes que têm uns em relação aos outros. Muito importante isso é também para o(a) professor(a), que terá elementos muitas vezes surpreendentes para saber lidar com os(as) alunos(as).

Pessoalmente cremos que muitas divergências e mágoas ocultas surgirão, e se isso acontecer, será muito importante, pois aparecerá uma relação de fundo que, mais tarde, irá determinar na vida adulta a relação homem/mulher e pais/filhos.

Outra atividade interessante seria que cada um, em sua casa, entrevistasse os pais, perguntando a cada um: "Pai, o que você gostaria de fazer e não faz porque é homem e porque não fica bem?" e "Mãe, o que você gostaria de fazer e não fez porque é mulher e porque não fica bem?".

Depois isso seria discutido em classe para ver se os depoimentos concordam ou discordam entre si. Levar depois aos pais e mães de cada um/uma o que a classe viu, para que eles possam conhecer e modificar seu comportamento. Claro, tudo isso sem identificar os entrevistados no documento final. O(a) professor(a) deve deixar bem claro que isso não é para fazer fofoca, mas para que as relações entre pais e filhos fiquem mais fáceis e sejam mais honestas. Ele(a) deve mostrar que essas atitudes dos adultos não dependem da vontade de cada um, mas sim de um sistema injusto e perverso, que não deixa as pessoas fazecem o que gostariam de fazer e, assim, torna-as infelizes.

Outra atividade é escalar times mistos de futebol e de outros esportes, em vez do competitivo "meninos contra meninas". Cada um pode ser mais hábil em uma área do esporte, como técnica, agilidade ou raciocínio, e assim se ajudarem mutuamente ao invés de competirem.

Inventar teatrinhos, escritos por meninos e meninas conjuntamente, em que sejam abordados problemas de meninos chorando e meninas valentonas, mostrando que esses não são problemas de homens e mulheres, mas variam de pessoa para pessoa.

Mais importante ainda é comentar as notícias de jornais, os programas de televisão, os jogos eletrônicos ou qualquer outro passatempo cotidiano das crianças em conjunto com a turma toda, a fim de que professores(as) e alunos(a) entendam em conjunto até que ponto eles levam as crianças ao consumo de brinquedos supérfluos e, com isso, sobrecarregam financeiramente os pais. Essa atitude poderia ser uma arma poderosa contra a sociedade de consumo, que escraviza, principalmente, as camadas mais pobres. Tais ações têm a ver com gênero, porque as meninas querem consumir cada vez mais objetos de moda feminina, incompatíveis para sua idade, enquanto os meninos querem imitar os adolescentes mais velhos. Mostrar que essas atitudes não são naturais, mas sim caça-níqueis para pessoas muito ricas, vindas de países ainda mais ricos, para conservar os povos de países médios, como o Brasil, sempre endividados.

Um novo mundo em gestação com as crianças

Colocar para fora os problemas de gênero, de dominação de classes e de raças e etnias, em casa e na escola para as crianças, é o mais importante instrumento para que possamos transformar o mundo. Pois essas crianças aprenderão mais tarde a se reunir em grupos para tomar decisões sobre seu bairro, sua cidade, seu país e, principalmente, sobre uma relação nova entre homens e mulheres, e assim construírem um mundo político e econômico não mais competitivo e destrutivo, e sim cooperativo e construtivo.

E mais importante de tudo, aprender a consumir menos para reverter o processo de destruição do meio ambiente, que, como dissemos, já vai muito avançado. Só as novas gerações terão tempo hábil de cuidar do planeta em que vivemos. Nós, os mais velhos, que fazemos parte das gerações mais ignorantes e culpadas, não teremos mais esse tempo. Mas podemos reciclar nossos valores e atitudes e ensinar nossas crianças a serem mais conscientes do que nossos pais nos ensinaram a ser.

XV

COMO APONTAR PARA UMA NOVA ECONOMIA

A esta altura do livro, em que já abordamos como educar meninos e meninas para o altruísmo, chega a hora de apontarmos alguns tópicos para apressarmos o nascimento de uma nova economia de mercado que não seja nem capitalista, nem comunista, mas que saiba lidar com a realidade concreta de hoje, antes de chegarmos a fases mais avançadas de transformação. Essa transformação inicial está realmente começando pela consciência ecológica, ainda incipiente no planeta. A ecologia será a julgadora final da espécie humana. Podemos ter ideias magníficas e não termos tempo hábil para realizá-las, porque a deterioração dos ecossistemas, com o uso excessivo e predatório dos recursos naturais, está acelerando-se muito rapidamente. Mas devemos lutar sem trégua por uma nova economia sustentável que possa diminuir essa aceleração e, quem sabe, revertê-la.

O capitalismo é um sistema essencialmente insustentável e causador da destruição que estamos vivendo. Ele se baseia no consumo supérfluo dos recursos naturais que é "empurrado" para todos os povos, ricos ou pobres, por uma publicidade incessante em todos os tipos de mídia. Como exemplo, a Índia está construindo um carro a baixo preço, porém mais poluidor que os carros ocidentais. O argumento deles é "se vocês podem, por que nós não podemos?". E a Índia tem mais de um bilhão de habitantes. E assim a China e todo o Sudeste Asiático que contêm mais da metade da população humana estão avidamente copiando o sistema ocidental.

Uma amiga viu em Hong Kong todas as lojas de grife ocidentais lotadas de consumidores de artigos de luxo. Em outra parte da cidade esteve numa rua também lotada, em que os mais pobres ou os turistas compravam artigos *genuine fake*, isto é, genuinamente falsos. Enfim, todos podiam gastar seu dinheiro nos produtos de luxo do mercado ocidental de uma maneira ou de outra, genuínos ou falsos. Mas sempre comprando uma ilusão. Se o mundo inteiro – e parece que isto é verdade – quiser adotar o modelo ocidental, a destruição será cada vez mais rápida.

No início deste livro, mostramos Lester Brown afirmando que se a China tivesse o mesmo padrão de consumo dos Estados Unidos, seriam precisas três Terras para suprir a demanda desses dois países. E isso já está em vias de acontecer. Atualmente, como dissemos, já gastamos uma Terra e meia, isto é, já estamos estressando nosso planeta em 50% além do que ele nos pode dar. Assim, dizemos conscientemente, a única solução possível está em mudarmos a economia competitiva atual para outro tipo de economia, a que chamaremos de democrática, que seja sustentável. Para isso, é preciso não só renovar as cabeças, como também transformar todas as instituições, indo até a natureza do Estado e das relações internacionais, para conseguir algum avanço. Por isso, vamos dar alguns tópicos (que não são exaustivos), a fim de servir como sugestões aos movimentos sociais e, inclusive, aos mais pobres e menos organizados para que assumam seu destino de sujeitos da História. Porque só desta maneira chegaremos a uma economia que alcance todos os habitantes do planeta e não seja, como o capitalismo, um sistema feito apenas para os ricos, deixando a grande maioria da humanidade excluída.

Em primeiro lugar, devemos pensar na reestruturação do Estado, feito dos ricos para os ricos em todo o mundo. Já na América Latina é diferente, como já vimos: tivemos um presidente operário (Brasil) – agora substituído por uma presidenta –; dois presidentes índios (Bolívia e Equador), ainda no poder; um presidente que está nitidamente do lado dos pobres (Venezuela); duas outras presidentas (Chile e Argentina); e um presidente que desertou de sua condição de bispo católico para trabalhar com o povo (Paraguai). Além do mais, às eleições de 2010 no Brasil concorreram duas candidatas mulheres muito fortes, uma que é ecologista de ponta, de origem humilde, da floresta, e alfabetizada aos dezesseis anos; e outra, eleita, uma economista que foi torturada barbaramente, quando estudante durante a ditadura militar. E no país mais rico do mundo, também nas Américas, temos um presidente negro que está tentando fazer alguma coisa, mas tem sobre seus ombros o peso das instituições mais pesadas do mundo, que são as dos Estados Unidos.

Apenas a citação da condição social e/ou de gênero desses candidatos já mostra que os povos desse hemisfério começam a votar independentemente das classes dominantes tradicionais, o que está ocasionando grandes transformações. O que é um bom começo, pois estão indo contra toda a mídia e contra os interesses dos ricos dominantes. Alguns já governam nitidamente representando sua classe social, neles, incluindo Bolívia, Paraguai, Venezuela e Brasil. É neste último país que, a partir de agora, nos deteremos neste livro.

Durante os oito anos de seu mandato, o presidente Luiz Inácio Lula da Silva governou abertamente de um lado a favor dos pobres e, de outro, não rejeitando os ricos, o que sossegou a agressividade deles contra seu governo. O resultado aí está: o Bolsa Família e as políticas sociais estão irrigando a economia brasileira a ponto de, durante a crise que está atingindo todos os países ricos, os pobres das classes C, D e E, por causa do microcrédito, já podem comprar os eletrodomésticos de que necessitam para ter uma vida melhor e pagam fielmente seus crediários. Por outro lado, os bancos nunca ganharam tanto dinheiro quanto no governo Lula, mas esse dinheiro ainda está indo para os paraísos fiscais. Porém, o fluxo de dinheiro, advindo das políticas sociais, já começa a beneficiar toda a população.

É dessa forma que começaremos a reestruturação do Estado e não apenas do Estado, mas das elites que governam dos ricos para os ricos e excluem todos os outros. Enquanto os fluxos de dinheiro não irrigarem a classe pobre, que é aquela que produz a riqueza, os mais ricos estarão estagnados, o que não está acontecendo aqui hoje, pois o Brasil está crescendo quase a ritmo "chinês" e com grande parte da população praticamente exigindo um Estado mais ecológico. É, portanto, a junção da Economia com a Ecologia, e só ela, que poderá salvar o planeta.

A diferença entre os países asiáticos, que também estão crescendo, e os latino-americanos é que os asiáticos obtêm seu acelerado crescimento à custa de mão de obra quase escrava e de uma vasta depredação do meio ambiente, portanto de maneira tradicionalmente capitalista, enquanto os países da América Latina estão dirigindo seus esforços para os mais pobres, em meio a um importante e crescente movimento ecológico.

É preciso agora pensarmos na mudança de direção dos fluxos de dinheiro para aqueles que necessitam e podem desenvolver os países.

Bernard Lietaer e as moedas complementares

Vamos falar no próximo capítulo, mais profundamente, do funcionamento das moedas complementares. Mas, desde já, podemos citar a opinião de Bernard Lietaer sobre como usar moedas, obtida em um artigo encontrado por esta autora ao procurar no *Google* a expressão "moedas complementares", de que só o uso difundido dessas moedas é "a solução sistêmica contra a instabilidade monetária e a crise bancária. Principalmente, porque elas funcionam de forma contra cíclica à economia: fortalecem-se nos momentos de crise" – enquanto o dinheiro convencional se enfraquece. E ele continua: "Em tempos de recessão, com moeda nacional pouco disponível, o uso de moedas sociais ajuda a manter o patamar da produção e da comercialização e a evitar demissões. Ajudam a estabilizar a economia. De modo geral, essas moedas possibilitam trocas que, de outra forma, não ocorreriam, trata-se, em sua maioria, de atividades de pequena escala".

Lietaer defende, ainda, que o uso das moedas complementares ajuda a modificar a relação das pessoas com o dinheiro e estima que havia (em 2008) cerca de cinco mil experiências de uso de moeda complementar com objetivos sociais no mundo. Por isso, nos bolsões de pobreza do Brasil (e do restante do mundo, evidentemente), a crise é permanente, porque a moeda convencional é escassa sempre e somente é abundante nas classes privilegiadas. Portanto, devemos incentivar o uso das moedas complementares nos bolsões de pobreza do Brasil, como veremos no próximo capítulo.

XVI

COMO FUNCIONAM AS MOEDAS COMPLEMENTARES

Lietaer afirma, na entrevista, que o banco social mais parecido com o brasileiro é o Banco Wir, da Suíça:

> Eu creio que o mais próximo seria, na verdade, o sistema mais antigo, que é o Sistema Wir, da Suíça, que começou em 1934. Seu objetivo é menos social que o do Banco Palmas, mas ele faz transações tanto em Wir quanto em Franco Suíço. É mais usado por comércios pequenos e médios, o que é um pouco diferente do Palmas. Mas do ponto de vista estrutural, é bastante parecido. O Wir é muito bem-sucedido, tem cerca de 65 mil negócios envolvidos, opera em quatro línguas diferentes e o mínimo volume de atividade é de cerca de U$$ 2 bilhões por ano. É esse o motivo pelo qual eu diria que é o mais próximo, em termos de prodígio, com o que o Banco Palmas está fazendo, mas é mais maduro. Tem 75 anos de experiência. O que é interessante nele, e é por isso que eu acredito que o governo brasileiro está certo em tentar promover as moedas complementares por meio do Programa Nacional de Apoio aos Bancos Comunitários, é que está provado que o Sistema Wir é o segredo para a estabilidade da economia suíça. Quando há recessão, o volume de Wir e o número de participantes aumentam, e cada participante usa mais wirs. E quando há um *boom* econômico, o uso de Wir encolhe.[1]

---

[1] *Op. cit.*

O mesmo acontece na realidade brasileira em tempos de recessão, o uso das moedas alternativas é maior e, "em tempos de *boom* econômico", cresce o uso das moedas oficiais, resultando assim em uma economia mais estável. Da mesma forma como Irvingw Fischer disse a Roosevelt que os *stamp scrips*, a moeda complementar então usada pelo povo estadunidense, no padrão mais baixo de riqueza, possibilitaria acabar com a Grande Depressão em três semanas" e Roosevelt colocou a moeda na ilegalidade, começando, então, a Segunda Guerra Mundial, como já vimos. Aqui também entendemos que as classes desfavorecidas estão sempre em crise, porque têm sempre a moeda oficial escassa. Por isso, que o então candidato e futuro presidente Lula na época disse, naquele programa do Jô Soares já referido, que moedas como a Palma deveriam estar em todos os bolsões de pobreza do País, somente assim a economia brasileira poderia ganhar maturidade e tirar o País definitivamente da pobreza. Dessa forma, o uso de moedas complementares está crescendo muito no País e, como deseja Joaquim de Mello, logo estará chegando a mais de mil bancos que ele está ajudando a criar.

E segue Lietaer:

> De forma similar à Suíça, o Japão começou a ficar seriamente interessado em moedas complementares. No meio dos anos 1990, depois de sua própria crise bancária, os japoneses passaram a olhar para soluções não convencionais; não apenas quando os eventos as obrigam a fazê-lo.
>
> Entretanto, o que é interessante no caso Wir é que a solução emergencial, que eles começaram em 1934, acabou sendo tão útil para seus usuários que ainda hoje está em operação, inclusive crescendo para incluir 65 mil

comércios, um quarto das corporações suíças, o que gera atividades da ordem de U$$ 2 bilhões. Por isso, concluí que a crise econômica global, sem precedentes, de outubro de 2008, alavanca uma longa e simultânea recessão (no mundo inteiro). Eu calculo que a decisão brasileira de generalizar bancos do tipo do Banco Palmas, como ferramenta pragmática de redução de tensão social em áreas específicas, é um precedente importante que países desenvolvidos somados a Japão e Suíça devem seguir.[2]

E continua Lietaer:

> Há três motivos por que essas moedas são uma solução sistêmica para a crise que estamos vivendo hoje. O primeiro é que elas possibilitam trocas que, de outra forma, não ocorreriam. Como todas as outras moedas complementares, as Palmas conectam recursos, que de outra forma permaneceriam não usados, as necessidades também não seriam conhecidas. A segunda razão é estrutural. Nós sabemos, da Teoria da Complexidade, que a sustentabilidade de qualquer sistema complexo requer o mínimo de diversidade e de interconexões. Moedas complementares, trocadas entre comércios locais, proveem diversidade tanto nos tipos de moeda, quanto de instituições envolvidas, o que não ocorre na monocultura do "dinheiro nacional" administrado pelos bancos. Isso é ilustrado em um ecossistema natural, por exemplo, na diferença do poder de reparação de uma floresta natural e de uma monocultura de um único tipo de planta, que é vulnerável à menor mudança de ambiente. (...)
> No resto da Europa existem atualmente três projetos-piloto em gestação. Um na Bretanha, França, envolvendo um banco regional e duzentas corporações; uma

---

[2] *Op. cit.*

iniciativa criada pelo governo flamengo da Bélgica, que deve focar a cidade de Antuérpia; e um no sudoeste da Alemanha, envolvendo um bando de grandes e pequenas empresas. Esses três pilotos devem usar o mesmo *software* em *Open Source*, de forma que eles possam facilmente se conectar em 2009 ou 2010, com o objetivo de criar um sistema que funcionaria na escala da zona do Euro. (...)

Por exemplo, as contas do *Ithaca Hour System*, em Ithaca, Nova York, são administrados pelo Ithaca Bank. O GLS Bank, na Alemanha, está envolvido na distribuição do *Chiemgauer*, moeda complementar do sudeste da Bavária, inclusive a tornando disponível em seus caixas eletrônicos. E o *Raifeissenbanck* é um ator fundamental no lançamento da moeda regional em Voralberg, Áustria. Esses são todos bancos regionais, e eles têm três motivações. Primeiro, esses bancos regionais se tornaram cientes de que, se não proverem serviços diferentes dos que proveem os grandes bancos, seus competidores, eles vão simplesmente desaparecer. E grandes bancos não estão interessados em atividades de tão pequena escala. Segundo, quando um cliente em Ithaca (Nova York) abre uma conta em Ithaca Hour, ele ou ela tende a abrir também uma conta em Dólar. Então, o Ithaca Bank vai conseguir mais clientes e mais depósitos em Dólar do que o faria. Finalmente, o que é bom para a economia da região é, por definição, bom para os bancos regionais.[3]

E finalmente eis os motivos pelos quais Lietaer pensa ser o Banco Palmas mais avançado que os bancos internacionais que trabalham com moedas complementares:

---

[3] *Op. cit.*

Os empréstimos em palmas podem ser providos em taxas de juros muito mais baixas que aquelas em dinheiro nacional. Dessa forma, alguns podem pedir emprestado em dinheiro nacional, mais caro, apenas para o que precisa ser importado de fora da comunidade, como máquinas de costurar e telefones celulares; mas eles podem pedir emprestado, a baixo custo, palmas para o que quer que seja provido pela própria comunidade. Além do mais, isso ainda provê mais emprego para outras pessoas da região.[4]

A mudança de natureza do dinheiro e do Estado

Tudo isso, exposto pelo maior especialista em moedas do mundo, aponta-nos para as conclusões mais importantes deste livro.

– É possível pensarmos que a economia local de onde vêm as moedas complementares e que é circunscrita a pequenos círculos pode ser um impulso para os cidadãos mais pobres alcançarem seu papel de sujeitos da História. Em última análise, queremos dizer que uma economia somente é sustentável se ela não tiver juros nem reservas fracionais. No momento, é impossível pensarmos nisso, mas já podemos vislumbrar um aumento na recessão mundial que vem afetando toda a zona do Euro e dos Estados Unidos e que tende a contaminar os outros países ricos pela queda de seus bancos, nos quais foi injetado goela abaixo o capital excedente

---

[4] *Op. cit.*

desses mesmos países ricos. E, como vimos, um capital desviado para aplicação nos países emergentes, porque para seus donos fica mais rentável aplicar nesses países que naqueles que estão empobrecendo aceleradamente.

Isso nos mostra que é necessário mudar a lógica econômica e, também, a lógica do Estado, algo que nunca foi feito no sistema competitivo em que vivemos há dez mil anos e, principalmente, depois da invenção do dinheiro/moeda. A lógica é sempre a mesma: onde quem toma as decisões são os opressores, onde as elites ignoram a existência dos oprimidos, a grande maioria dos excluídos. Esses excluídos, sempre premidos pela escassez da moeda oficial, estão começando a trabalhar com essas originais moedas complementares, que não apresentam risco de juros nem de reserva fracional. Isso começa a nos mostrar o que é uma economia sustentável: aquela em que o trabalho de todos não se acumula apenas para benefício dos mais ricos, assim como a natureza sustentável é uma natureza que serve não só a uma geração, mas a todas as gerações que lhe seguem.

Esse uso misto de moeda complementar e moeda oficial é o início de uma revolução que começa de baixo para cima e de dentro para fora, que só no século XX veio a despertar as camadas mais pobres. Numa primeira fase, promovida por movimentos sociais que não tocaram na natureza do Estado nem na natureza do dinheiro. Hoje, numa outra fase, por causa através das moedas complementares, essas classes mais desfavorecidas e o próprio governo a quem interessa a força de trabalho qualificado já estão tomando consciência de que o governo dos ricos para os ricos estagnará na desigualdade que impede um desenvolvimento maduro. Na primeira fase, os movimentos sociais só qualificavam as pessoas. Nessa segunda, eles começam a querer requalificar o Estado e o dinheiro, mas ainda de forma muito incipiente.

– Só se pode mudar em profundidade uma sociedade, se transformarmos a natureza do dinheiro de competitivo para colaborativo. Isso não interessa de forma alguma ao sistema bancário que domina os países e mantém, pelos juros, esse seu domínio sobre o Estado. Porém, nos países ricos, os governantes têm uma enorme dificuldade em entender isso, o que tende a agravar muito as crises política e econômica.

Assim, trataremos no próximo capítulo dessa incipiente revolução, que tende a se acelerar cada vez mais à medida que, como diz o grande economista Mohammed Yunus, "transforma o sistema financeiro, porque este está falido",[5] e foi ele quem ganhou o Prêmio Nobel da Paz por ter instituído, na Índia, os primeiros bancos populares no sistema de microcrédito. É ele quem afirma que somente pela transformação da economia se mudam as cabeças, porque aí se estará mexendo diretamente na fome, que é manipulada pelo sistema, para manter sua superioridade que, pouco a pouco, vem ficando insustentável pela maneira como vivemos hoje.

Assim, no próximo capítulo, trataremos de como proceder para a reestruturação do Estado e da economia, a partir de baixo para cima e de dentro para fora. Se ela for interrom-

---

[5] YUNUS, Mohammed. *O Globo,* 01/06/2010.

pida, o retrocesso será impossível, porque a natureza arruinada não deixará que nossa espécie continue destruindo-se na loucura da competitividade. Se a moeda complementar e o microcrédito alcançarem todos os povos ou a maioria deles, temos certeza de que conseguiremos a massa crítica necessária para reformular tanto a economia quanto as políticas locais, nacionais e internacionais.

XVII

REESTRUTURANDO A LÓGICA DO ESTADO E DA ECONOMIA

Estamos acabando de ver nestes últimos capítulos, a partir das moedas complementares, como podemos tornar uma economia estável e, assim, livrá-la de suas fases de "bolhas", isto é, ciclos de euforia econômica seguidos de depressão. Foi mesmo por isso que, na Grande Depressão, os governos mais afetados por essas moedas colocaram-na na ilegalidade, a fim de que o mundo entrasse numa recuperação da competição, imposta pela Segunda Guerra Mundial. Todas as moedas oficiais têm medo (sem razão alguma) das moedas complementares, porque são elas que colocam os pobres, pouco a pouco, como sujeitos da História. E o trabalho dos pobres é fundamental para o crescimento de uma economia oficial como um todo, só assim, os pobres e excluídos poderão entrar no âmbito das moedas oficiais.

Vamos dar como exemplo o Brasil de hoje. Neste País, as classes mais oprimidas, graças ao microcrédito e ao bom funcionamento da economia, estão começando a consumir e a se tornar cada vez menos pobres, e tudo isso graças à pequena "esmolinha" que o governo brasileiro deu aos pobres com o Programa Bolsa Família. Essa quantia irrisória para o PIB nacional irrigou a economia, criou mais empregos e está fazendo o País crescer a uma "velocidade chinesa". Foi o próprio presidente Lula quem falou, na convenção que confirmou a ministra Dilma Rousseff como candidata à presidência em 2010, que, se essa ação social já estivesse em curso, em vez de ele ter criado dez milhões de empregos, conforme tinha prometido no início de sua campanha, teria criado 14,5 milhões até o fim de seu período presidencial. O dinheiro, um "dinheirão" que ele deu aos ricos, por intermédio dos bancos, foi todo ele escondido e somente apareceu quando o crédito não era mais de risco.

Esse exemplo pode mostrar-nos como a lógica da economia competitiva que o mundo vive hoje, uma lógica ganha/perde, é feita dos ricos para os ricos, é uma lógica também competitiva que, em vez de equilibrar a economia, aumenta a desigualdade em favor dos mais fortes. Esse exemplo do Brasil está começando a correr todos os países mais e menos desenvolvidos, e o presidente Lula foi considerado o estadista do ano de 2010 pelo Fórum Econômico de Davos, que reuniu, no início do ano, quase todos os governantes e a maioria dos grandes empresários mundiais por causa da sabedoria de Lula para evitar os efeitos da crise em nosso País. Isso nos mostra que, se incluirmos as classes mais pobres no mercado de trabalho, com uma economia voltada para elas, cresce a riqueza de todas as outras classes sociais (lógica ganha/ganha). Se não as incluirmos, a economia, como já vimos, entra em picos alternados de euforia e recessão. A presença dos pobres desestabiliza esse esquema, porque os ricos precisam dela para concentrar cada vez mais riqueza na mão de menos pessoas. Um relatório da ONU dos anos 1990 mostra que apenas 435 grupos controlam mais da metade do PIB mundial, o que é uma absoluta loucura.

Somente o consumo dos pobres sem a manipulação dos bancos, como nas crises que já estudamos neste e em nosso livro anterior, é que pode mudar a lógica da economia inteira, pois estaremos convivendo pacificamente tanto com uma lógica competitiva, quanto com uma colaborativa que dá limites. Essa lógica (competitiva), recente na história humana, no fundo é que está levando o mundo à lógica solidária, que deve prevalecer na Era da Informação.

Na Era Agrária, havia luta contínua para uns roubarem as terras dos outros (guerras) e se tornarem cada vez mais poderosos, criando assim os grandes impérios da Antiguidade. No mundo industrial, essa luta saiu da terra para a posse do capital e das máquinas (meios de produção), e o Estado passou de feudal para capitalista. No mundo agrário, os oprimidos eram os escravos e os camponeses, e no mundo capitalista, os operários e os empregados; mas a lógica foi sempre a mesma: o mundo governado pelos ricos para os ricos. Na Era da Informação, a lógica que vai gerir a atividade mundial daqui para adiante terá de ser fatalmente solidária. Ao contrário do mundo competitivo, em que uns tinham de perder para os outros ganharem, como vimos, neste último período da humanidade, essa lógica vem levando muito aceleradamente à destruição, tanto da terra quanto da espécie humana. A única lógica que pode fazer o mundo sobreviver é a lógica que dominava a Pré-História, em que todos ganhavam, pois as trocas "comerciais" favoreciam as duas partes, já que o "dinheiro" não gerava juro, nem reservas fracionais, nem bancos.

Contudo, estamos à beira de uma crise muito violenta, que deve prolongar-se por muitos anos, se continuarmos a usar uma lógica tradicional competitiva em um sistema econômico em que a informação se espalha para pobres e ricos e já não permite o duplo padrão do ganha-perde. Tal qual fogo que só vive caso se comunique, senão se apaga, assim também quanto mais a informação for dividida com maior número de pessoas, mais ela aumenta; e ninguém perde, todos ganham. É essa lógica profunda que está querendo emergir, pois ou ela emerge agora, ou entraremos no jogo terrível do perde-perde, em que todos acabam destruindo-se uns aos outros e todos acabam perdendo. Por quê?

Porque o consumo se dá somente pelo uso dos recursos naturais... e para usar esses recursos de maneira sustentável, isto é, sem que ninguém perca, precisamos mudar nossas cabeças e, com elas, nossas instituições, inclusive a própria natureza do Estado e, também, a do dinheiro. Em vez de competitivas, elas fatalmente terão de ser cooperativas. Essas experiências de cooperação, que nascem e se alastram a partir do século XX, começam com movimentos sociais que se dirigem aos pobres, mas ainda não diretamente à fome, produzida pelos ricos, como a causa principal de sua pobreza. Hoje, esses movimentos sociais que de certa forma eram ainda abstratos estão tendendo a mudar as instituições e a relação dos pobres com os ricos, o que é o único sinal de esperança que temos de não entrar no jogo perde-perde, se deixarmos essa nova crise se aprofundar. Pois ela poderá ser não só a crise final do capitalismo, mas também a crise final da humanidade. Mas, antes dessa crise final acontecer, haverá uma sucessão de crises e crises, por causa do desequilíbrio existente hoje. Há mais dinheiro na mão de poucos ricos que a Terra pode aguentar. Por isso, Paul Krugman, Prêmio

Nobel de Economia em 2008, prevê uma terceira recessão mundial e uma depressão atrás da outra, tal qual um furacão após o outro, porque o sistema já está todo desequilibrado, graças aos meios de comunicação instantâneos que colocam em tempo real os fenômenos econômicos, o que não acontecia antigamente. Então todos morreremos.

Hoje, essa consciência, embora de forma defeituosa, começa a entrar na mentalidade dos ricos, mas numa fase incipiente, porque é muito difícil abandonar os privilégios conseguidos durante milênios. E temos de fazer isso tudo em uma única geração, por causa da aceleração cada vez mais rápida que apresenta o consumo predatório. Para mudar o Estado e o dinheiro, precisamos mudar a Política e a Economia como um todo, mas como?

A mudança da natureza do Estado

No Estado governado de ricos para ricos, suas riquezas são contadas apenas em seu sentido econômico. O PIB (produto interno bruto) é contado apenas em itens econômicos que não levam em conta os custos ambientais e sociais. Esse método de contar dos mais ricos muitas vezes é gritantemente errado, como veremos pelo exemplo abaixo.

Uma nação que conta apenas como ganho sua venda de petróleo, em vez de se capitalizar, na verdade, descapitaliza-se, porque está vendendo para outros um recurso natural finito impossível de renovar. Outra sociedade que vende soja desmatando suas florestas e conta essa venda somente como ganho, faz o mesmo, porque deteriora a terra sem restaurá-la.

Igualmente, com a carne bovina. E o Brasil, como sabemos, é o maior produtor de bovinos do mundo. A carne de boi, como vimos, precisa de trinta vezes mais recursos naturais por quilo para viver que um quilo de carne de frango em pé. Então, o Brasil também se descapitaliza ao vender seu produto e, com certeza, não ganha dinheiro com isso, pois o dinheiro apurado é muito menor que os custos efetivamente gerados. Assim, de igual maneira, quando os países menos desenvolvidos exportam seus maiores cérebros para os países mais ricos, porque não têm como mantê-los em sua economia. E essa é a pior de todas as descapitalizações, porque as pessoas educadas de maneira qualificada são as únicas que podem manipular e utilizar as tecnologias e as técnicas que permitirão ao país mudar sua economia e seu Estado.

Antes de abordarmos a mudança de natureza do Estado, temos de falar na mudança de natureza das sociedades de classes. É preciso que as sociedades erradiquem o complexo de "vira-lata" de que falava Nelson Rodrigues, nos anos 1950. E isso já está sendo feito de duas maneiras pelas pessoas: procurando a educação formal para se inserirem no mercado de trabalho e criando instrumentos para diminuir sua pobreza, como as moedas sociais e o microcrédito. Por isso, detivemo-nos tanto tempo – antes de falarmos nas mudanças estruturais – na mudança dos indivíduos, um a um.

Para que os mais pobres venham a tomar seu lugar de sujeitos da História, é necessário que eles conheçam sua dignidade e sua capacidade de ação, massacradas pelos mais ricos. A educação formal está diminuindo, e muito, o número dos analfabetos, o que é essencial para que os pobres ganhem mais dinheiro. As organizações, vindas deles mesmos, estão começando tanto a usar as moedas complementares, quanto a criar as associações de moradores de favelas, a atividade sindical e a atividade propriamente social que aumenta cada vez mais. Vejamos o caso da Lei Ficha Limpa, feita pela iniciativa popular e que, vencendo, impede o ingresso de fraudadores, corruptos e outros criminosos no Congresso Nacional. Esse é um exemplo muito interessante de como a sociedade civil, em especial os pobres, está ousando cada vez mais.

E aqui repetimos, a natureza da revolução verdadeira das instituições é a revolução das mentalidades. Ela tem de vir de baixo para cima e de dentro da pessoa para fora. Não como o capitalismo que começou com os ricos simplesmente massacrando os pobres, não como o comunismo que começou na cabeça de alguns grupos, cabeças que, depois de duas gerações, foram traídas por seus dirigentes de então, que voltaram a oprimir a classe operária soviética. E, com isso, essa classe operária acabou com o sistema, porque queria o poder e não o tinha conseguido. E achava que não iria consegui-lo nunca, por isso vendeu-se ao capitalismo ocidental para poder ter a "liberdade" de consumir o que quisesse, à vontade.

A diferença de renda da classe operária da União Soviética para a de seus governantes era maior que aquela existente no sistema capitalista, porque a imposição de um Partido Único camuflava os roubos e as fraudes que os governantes soviéticos faziam sem o conhecimento do povo, a ponto de as maiores contas secretas dos bancos suíços serem as dos *Apparatchik* (burocratas do partido comunista). E o povo russo, que já era educado, não tolerou e se juntou ao capitalismo, isto é, a cabeça dos pobres era igual à cabeça dos ricos. Não havia se transformado em uma mentalidade solidária, mas continuava competitiva, e foi por isso que o comunismo não vingou. Nos anos 1970/1980, enquanto o comunismo caía, nascia na América Latina um movimento de libertação dos pobres, porém sem ser ainda uma revolução política radical, mas mais realista. Entre esses, desenvolveu-se a Teologia da Libertação, que boa parte da Igreja Católica assumiu como ideologia, dedicando-se à conscientização do pobre a respeito de seu caráter de sujeito da História. Hoje, trinta anos depois, os frutos aí estão: presidentes índios, operários, negros, mulheres, pobres, que já romperam as oligarquias antigas.

Ora, isso está chamando atenção do mundo. Pouco a pouco, regiões da África e da Ásia vão aprendendo a expressividade dessas culturas, mas nem todas. China, Japão e o Sudeste Asiático querem crescer da mesma maneira predatória que o capitalismo industrial. Aí, a conquista da autonomia dos pobres é lenta, pois a publicidade muito tentadora leva, como levou os jovens soviéticos, à assimilação da cultura capitalista, e isso é o maior dos perigos que a nova lógica da informação enfrenta. Portanto ela tem de vir por meio de uma educação não formal, como aqui já nos referimos, que mine na educação formal suas formas de eternizar os velhos valores competitivos. E essa ação pacífica de transformação, como vem fazendo-se nessas centenas de grupos que lidam com as moedas complementares, toca no fundo sua sujeição, porque toca também na natureza do dinheiro.

XVIII
AFINAL O QUE É ESTADO?

Não cabe neste livro uma definição exaustiva do Estado e da Nação, para isso existem livros que são obras-primas, como: *Do Contrato Social*, de Jean-Jacques Rousseau; *Leviatã*, de Thomas Hobbes; *Segundo Tratado sobre Direito Civil*, de John Locke; *Economia e Sociedade*, de Max Weber; *O Príncipe*, de Maquiavel etc., mas, sim, cabe dizermos apenas que Nação é o conjunto do povo ou dos povos que formam um país. O país é apenas a quantidade de terra e bens materiais que servem à Nação. Essa é a quantidade de habitantes; e o Estado é a fração dessa população que governa, gerindo o território e criando leis e diretrizes para o comportamento da Nação como um todo, seja no âmbito municipal, estadual ou federal. O Estado brasileiro compõe-se de três poderes:

– o Executivo, formado pelo presidente da República e seus ministros ou os governadores estaduais e municipais com suas secretarias, administra a Nação;

– o Legislativo cria as leis e diretrizes que vão regular a vida de toda população. No âmbito nacional, é formado pelo Senado e pela Câmara; no estadual, pelas Assembleias Legislativas; e no municipal, pelas Câmaras Municipais. O Legislativo é um poder independente do Executivo e lhe cabe fazer e desfazer as leis e vigiar as ações do Executivo;

– o Judiciário julga os problemas pendentes entre os cidadãos da Nação e o conjunto do Estado. Nos âmbitos municipal e estadual, esse poder compõe-se dos tribunais regionais (estaduais e municipais) e, no âmbito federal, do Supremo Tribunal Federal, que analisa em última instância, quando necessário, o julgamento de todos os outros tribunais.

No mundo agrário, o Estado dominava absolutamente seus cidadãos, era um Estado autoritário que dependia apenas do poder do rei que era visto como um deus ou filho de deuses. Ali não havia nem congressos, nem assembleias legislativas, era um Estado, autoritário como em qualquer ditadura. Todos os cidadãos tinham de dar a própria vida pelos interesses do Estado, caso fosse necessário. No mundo industrial, o Estado é capitalista, e quase todos passaram a ser República. O poder das monarquias foi delimitado pelos parlamentos comandados por um primeiro-ministro, fazendo delas simplesmente um fator decorativo (as que existem), quando não foram, simplesmente, destruídas muitas vezes de forma sangrenta, como na maioria dos países da Europa. Esses novos Estados são os "Estados Democráticos".

Porém não sabemos, ainda, qual é o formato do Estado da Era da Informação, pois insistimos em usar os métodos competitivos entre os Estados, e não em transformá-los, mas temos certeza de que o Estado da Era da Informação deve incluir igualmente toda a população e suas decisões.

Vamos nos ater, portanto, ao Estado que vivemos hoje. No mundo agrário, as repúblicas gregas e romanas se consideravam democráticas, porque tinham embriões de parlamentos, mas, no fundo, em nada eram democráticas, pois os escravos não podiam votar, nem os homens pobres sem terra, nem as mulheres. Nas repúblicas da Era Industrial, os operários e camponeses podem votar, mas, em geral, fazem-no sobre coerção das classes dominantes e introjetam essa coerção achando que devem votar naquele que vai ganhar. É um resquício ainda do mundo agrário e da escravidão.

No Brasil, por exemplo, as mulheres só puderam votar a partir de 1934, e os analfabetos, muito recentemente. Até os anos 1960, a mulher era considerada incapaz, tal qual o índio e o louco. Foi só a partir dessa década que ela pôde trabalhar fora de casa e viajar sem autorização explícita do marido (o chefe da família), e, hoje, já está exercendo cargos públicos de grande responsabilidade. No capitalismo avançado, a maioria das repúblicas se diz democráticas, mas a mais importante delas, os Estados Unidos, nada mais é do que uma república em que, na área política, os cidadãos podem votar, mas na área econômica é a mais dura ditadura que o mundo conheceu, seja em âmbito nacional, seja internacional, principalmente internacional. Da Grécia Antiga aos Estados Unidos de hoje, essas formas "democráticas" foram transformadas umas pelas outras, mas a cabeça é a mesma: competitiva. É a lei do mais forte. O Estado da Era da Informação tem de ser um estado inclusivo, e não excludente como esse que vivenciamos hoje. Vamos dar alguns exemplos da exclusão capitalista.

Nas democracias competitivas, aparentemente, todos os habitantes podem candidatar-se a cargos políticos, mas, na verdade, isso não acontece. Só quem tem dinheiro pode bancar as campanhas políticas que são cada vez mais caras. Por isso, vemos muito poucas mulheres querendo candidatar-se a cargos públicos, porque, além de dinheiro, precisam de voto corporativo, muita presença nos meios de comunicação ou o domínio do aparelho de Estado ou do partido. Isso faz com que a maioria que se candidata perca para aqueles que têm dinheiro, têm voto corporativo, domínio do aparelho de Estado ou do partido. Mas, no Brasil, após a adoção do voto eletrônico, ainda passível de roubo e fraudes eleitorais, esta situação está melhorando. Mas, assim mesmo, a corrupção do dinheiro é muito grande, por isso se formam oligarquias econômicas, rurais e urbanas que acabam tomando boa parte do Congresso e das Assembleias Legislativas, porque dispõem dos meios de comunicação que levam as classes menos favorecidas a votar neles. O dinheiro ainda é que joga as cartas políticas, e não o povo, Brasília é chamada de a Cidade da Fantasia, onde a corrupção é mais escancarada. Nos Estados do Nordeste, ainda temos "coronéis" rurais e urbanos que têm "votos de cabresto" de currais eleitorais, onde seu dinheiro é fundamental para o funcionamento de suas comunidades. O Estado a essas alturas, no século XXI, ainda é um Estado deformado e competitivo, o que já está prejudicando muito a emergência da sociedade de informação.

Mais problemas do Estado

Por que está prejudicando a Era da Informação? A informação é um bem intangível e não um bem concreto, como os produtos da Era Industrial ou os produtos agrícolas da Era Agrária, e isso faz toda a diferença.

Quem dá informação para os outros não a perde, ganha pela propagação e cresce pela troca, tal qual o fogo que apenas vive quando se comunica. Ora, isso faz toda diferença, porque, se retivermos a informação, como retemos o dinheiro ou os bens que nos pertencem, ela morre, assim também o Estado da Era da Informação.

Vamos fazer uma comparação com o Estado de épocas anteriores. É o dinheiro, isto é, os mais ricos, que possuem privadamente o Estado, pois ele depende do dinheiro das corporações que sustentam os partidos políticos que, por sua vez, formam o Estado. O que adianta termos um Banco Central regulador do dinheiro, se é dos próprios bancos oficiais ou privados que saem seus diretores? Isso significa que o Estado é formado pelos ricos e para os ricos; os pobres são excluídos. O mesmo para Senado, Câmara e todo Poder Judiciário. Chamamos de corrupção a assimilação privada, pelos Senhores do Dinheiro ou pela classe privilegiada, das entidades e do dinheiro estatais que pertencem ao povo todo. Assim, como os ricos são ensinados desde que nascem que o Estado lhes pertence, aos pobres é ensinado que devem ser honestos, isto é, que respeitem a propriedade alheia.

Isso descobrimos em nosso já citado livro *Sexualidade da Mulher Brasileira: corpo e classe social no Brasil,* no qual demonstramos que os ricos desde que nascem têm todos os seus desejos satisfeitos, porque têm sua fome mais do que satisfeita, portanto pensam inconscientemente, desde que nascem: meus desejos são para serem satisfeitos. E, também, como já vimos, os pobres alimentados por mães desnutridas não têm sua fome, seu primeiro desejo, satisfeita e, portanto, acham que "seus desejos não são para serem satisfeitos", e isso explica o dinheiro e toda a sociedade de classes: os mais ricos falam, no sentido lacaniano, face ao Capital, e os pobres falam diante de Deus, que é quem lhes dá a subsistência e a paciência de "carregar a cruz".

Isso explica porque os possuidores do capital podem fazer de suas vidas o que quiserem e, inclusive, usam a religião de modo hipócrita para parecerem honestos, enquanto "por baixo dos panos" fazem da sociedade, da economia e da família o que querem. Roubam e exploram e todo o mundo acha natural. A corrupção, portanto, está "naturalizada" na sociedade industrial. Diferentemente, os pobres são ensinados a não serem corruptos, a fazerem a vontade de Deus, a serem honestos e a carregarem naturalmente sua cruz. Em geral, são religiosos, porque acreditam que a pobreza os leva aos céus, isto é, depois de morrerem serão recompensados, enquanto os ricos, punidos com o inferno.

Em outro livro nosso, *Sexualidade, Libertação e Fé*,[1] apontamos como todas as religiões servem ao sistema econômico de onde são oriundas, perpetuando, assim, o sistema competitivo a partir do inconsciente das pessoas. Por exemplo, o Catolicismo que diz que o rico vai para o inferno e o pobre vai para o céu, santificando a sociedade de classes. O Protestantismo mostra que apenas o homem diligente e trabalhador vai para o céu, e o preguiçoso, que não trabalha, vai para o inferno, santificando, assim, as sociedades capitalistas industriais avançadas. O pobre tem de lutar para ficar rico, e isso implica e o faz a qualquer preço, mesmo pelo roubo, pelo assassinato, pela

---

[1] Rio de Janeiro, Vozes, 1985.

guerra, pela escravidão. Assim se formaram o Império Britânico e o moderno Império dos Estados Unidos, mais sofisticado, porque seduz pelo consumo, como já vimos. A sociedade de castas da Índia é pior ainda, porque santifica uma sociedade imóvel, pois a pessoa pode sair da casta em que nasceu somente se for obediente a seus princípios e se reencarnar na classe imediatamente superior e, assim, sucessivamente, até chegar ao *Atman*, isto é, à totalidade e à felicidade perfeita para sempre; e por isso a Índia permanece há cinco mil anos estagnada.

O Islamismo é o exemplo mais interessante de todos. Somente os ricos podem ter mulheres, segundo o Corão, porque para tê-las é preciso poder sustentá-las. Dessa forma, há um grande excedente de mão de obra masculina que vai formar os exércitos daqueles que respondem ao grito do *jihad*, isto é, da guerra santa, para poderem, segundo também o Corão, ter para cada um sete virgens belíssimas (*Huris*) no paraíso, com quem poderão procriar. O interessante é que o paraíso muçulmano é erótico e hedonista. No Islã, os ricos podem procriar e os pobres não. Esses são levados pelo Corão ao martírio mandado por Alá, ao exército dos homens-bomba suicidas ou à morte na guerra contra o Ocidente, pois atualmente o Islã está em guerra santa contra o Ocidente. O Império Islâmico é o maior império de todos os tempos, graças ao autossacrifício de sua população pobre, em que as mães se julgam privilegiadas por Deus quando um filho morre nessa guerra. Esse Império existe há 1.400 anos e durou mais do que o Império Romano. Dessa forma, o dinheiro perpetua seu poder por centenas de gerações em todas as partes do mundo, manipulando a pessoa desde aquilo que ela tem de mais profundo.

Na Era da Informação, isso está sendo rompido. A informação mandada pelos meios eletrônicos de comunicação (televisão, rádio, computador) pertence a todos, pobres ou ricos. Para isso, o dinheiro terá de mudar de natureza, senão estaremos usando uma atitude competitiva deformada (relação ganha/perde), específica dos períodos em que era permitido acumular produtos, agrários e industriais, para outra época, em que a informação, quanto mais difundida, mais enriquecerá as pessoas. A sociedade, o Estado e o dinheiro da Era da Informação, repetimos, terão de ser solidários (ganha/ganha) ou a competição destruirá a espécie pelo consumo, porque os pobres quererão consumir tanto quanto os ricos, numa época em que os recursos naturais se tornam cada vez mais escassos.

XIX

TRANSFORMANDO A NATUREZA DO DINHEIRO

O mundo está mudando muito rapidamente. A sociedade de classes começa a cair, em muitos casos, de maneira violenta. Hoje, na América Latina, já temos presidentes da República vindos das classes inferiores, porque o trabalho dos meios de comunicação, somados aos dos grupos conscientes da injustiça, estão dando a eles a consciência de também serem sujeitos da História.

Nas outras partes do mundo, uma mudança está começando a acontecer, só que de maneira consumista antiga, como na China e na Índia, em que as hierarquias antigas estão desmoronando. Um exemplo mais interessante ainda é o da União Soviética, que pela guerra anexou muitos países, quase metade do mundo, prometendo justiça e educação para todos, mas o que foi feito, o foi pela violência, pela competição, portanto as novas elites continuaram com a mesma cabeça das antigas, tanto na China quanto na Rússia.

Os burocratas soviéticos e chineses roubaram mais que os ocidentais, e os pobres continuaram a consumir no antigo sentido predatório. Na China, rouba-se propriedade industrial de tudo, e se aceitam subsidiárias de transnacionais de toda parte, inundando o mundo de produtos a preços irrisórios, fazendo com que os pobres tenham uma ilusão de estar consumindo, quando, na verdade, estão prejudicando seu país, desindustrializando-o e engordando os cofres do Governo Chinês, que não hesita em usar de trabalho semiescravo.

Como estamos vendo, avança cada vez mais a destruição do meio ambiente.

Qual a solução?

Essa seria mexer profundamente na natureza do dinheiro e, a partir dessa "mexida", ir transformando aos poucos a mentalidade das populações pobres e ricas. Estamos falando o tempo todo neste livro de um dinheiro solidário, que é a moeda complementar (ou social) que não gera juro, nem imposto, nem lucro, é apenas uma mediação, troca. Isso pode parecer estranho, mas temos de ver um pouco mais detidamente como poderá ser feito, pois esse é um dinheiro que vem de baixo para cima, das comunidades locais para as comunidades nacionais e, no fim, para as internacionais.

Em primeiro lugar, temos de, escalonadamente, tornar o dinheiro de apenas um meio de medida econômico para um meio de medida total de vida. Esse movimento precisa tornar-se cada vez mais difundido no mundo. Mas como fazer isso?

Nos anos 1990, as Nações Unidas inventaram um índice, chamado Índice de Desenvolvimento Humano (IDH), um progresso enorme que é usado em todos os países, menos na contagem do PIB das nações. Esta continua sendo a maneira de todos os governos contarem sua riqueza. Daí a luta para que o PIB seja substituído por um índice mais completo, que meça também a qualidade de vida e a qualidade da produção. O ser humano não é só o *homo economicus,* mas um homem cujos anseios ultrapassam, e muito, seu desejo de mera sobrevivência econômica. E é isso que faz do PIB uma medida tão deformada que só serve os ricos. No PIB conta-se como riqueza, por exemplo, a produção de soja e a pecuária, em que o Brasil é o primeiro do mundo, mas já vimos como a soja degrada a terra e a pecuária, além de degradar, emite gases estufa (gás metano, trinta vezes mais poluente do que o gás carbônico). Se nosso País, além disso, exportar petróleo, ele ainda estará descapitalizando-se mais, pois está exportando um bem não renovável. Alguns países verão suas reservas esgotadas muito brevemente. Os Estados Unidos já as esgotaram no século XX e por isso são dependentes do petróleo de outras nações. Eles têm o maior PIB do mundo e, neles, a compra de petróleo é contada como prejuízo, ao contrário dos países exportadores, que a contabiliza como lucro, quando também deveria ser exatamente o inverso.

Outro exemplo, o Brasil tem a maior matriz energética limpa do mundo, e esse "capital natural" sequer é mencionado, nem como riqueza, nem como nada. O Brasil sozinho detém 20% da água doce do mundo inteiro. A maioria dos países desenvolvidos já bebe água reciclada de esgotos, incluindo os Estados Unidos, a Austrália e a Europa. E isso também não é mencionado em seu PIB. A desigualdade social, inclusive, não é reconhecida no PIB, a não ser no PIB *per capta* e, assim mesmo, muito mal, porque não mede as desigualdades sociais, e sim junta ricos e pobres no mesmo saco.

Uma das primeiras condições para que reduzamos a desigualdade, em nosso País e no mundo, é redirecionar o fluxo de dinheiro dos mais ricos para os mais pobres pela via fiscal, porque, proporcionalmente, os pobres pagam mais impostos que os ricos, principalmente os chamados impostos indiretos que vêm embutidos no consumo, tal qual o ICMS (Imposto sobre o Consumo de Mercadorias e Serviços) e o IPI (Imposto sobre os Produtos Industrializados), que todos pagam igualmente, sejam pobres ou ricos. Isso faz com que os pobres paguem muito mais impostos que os ricos. Por exemplo, uma família que ganha dois salários mínimos paga 50% de impostos da renda que recebe, e uma família que ganha dez salários mínimos paga 26%. Isso faz com que, em nosso Brasil, os 10% mais ricos recebam 75% da renda nacional, e no mundo isso sobe para 90%.[1]

Assim é fundamental tornarmos o imposto progressivo, tanto diminuindo sobre o consumo direto dos bens essenciais (a cesta básica deveria ser isenta de impostos), quanto aumentando os impostos sobre as grandes fortunas e os grandes patrimônios. Contudo, como o setor econômico domina o setor político, isso não é feito, daí a grande desigualdade social em nosso País. Porém há outros países onde a renda é mais bem distribuída, como a Suécia e a Noruega, onde a carga tributária é maior que no Brasil, de quase 50%, e as classes mais altas são mais taxadas que as mais baixas – diferentemente do que acontece no Brasil – e os pobres têm educação, saúde e alimentação garantidas.

Por exemplo, o México possui uma carga tributária de apenas 6% do salário familiar e sofreu muito as consequências da última crise, porque o governo não tinha nem como diminuir mais os gastos, nem como pagar as dívidas. Por isso, o México

---

[1] *Carta Capital*, 14/07/2010.

tornou-se rapidamente uma sociedade a reboque dos Estados Unidos, onde só havia empresas maquiadoras, cercadas por um mar de delinquência, vindo do narcotráfico. O que nos mostra que o problema não é baixar a carga tributária, mas talvez até aumentá-la, desonerando a classe pobre. Dessa forma, é preferível ter uma taxa tributária mais alta e poder, assim, enfrentar a economia internacional, desde que ela seja reordenada: mais tributos para os ricos e menos para os pobres, como fazem a Suécia e a Noruega, que também não sofreram na crise econômica, tanto quanto os outros países mais desiguais.

Outro fator: o setor exportador do sistema produtivo também deveria ser menos taxado, porque a altíssima taxação brasileira, uma das maiores do mundo, torna nossos produtos menos "vendáveis" lá fora. E, embora as exportações busquem apenas lucro e sacrifiquem o consumo interno a preços mais baixos, para faturarem mais nos mercados ricos, isso cria alguma escassez na economia interna e força a alta dos preços! No modelo exportador de hoje, um número crescente de trabalhadores e cadeias produtivas servem aos mercados internacionais à custa do consumo interno. São, então, também empregos brasileiros que alimentam o consumo dos ricos e mantêm a economia brasileira subordinada e dependente.

Outro exemplo: no Brasil, os bancos aumentaram seus lucros em 11% no Governo Fernando Henrique Cardoso e em 14% no Governo Lula, ganhando muito mais que o sistema produtivo. Antes, metade da renda nacional provinha do trabalho, e, hoje, esse número caiu para 37% dessa mesma renda. O que nos impõe a necessidade de uma distribuição de maneira mais justa dessa carga, inclusive aumentando os impostos aos bancos que "deitam e rolam" sobre seus clientes. Todos eles pagam integralmente o salário de seus funcionários apenas com as tarifas absurdas que cobram a cada transação financeira. Isso precisa acabar, esse dinheiro deve ser tirado de dentro do ganho geral do Capital, como era antes, e assim os bancos seriam mais bem controlados: quando o cliente empresta para o banco, cobram juros simples (por exemplo, poupança), e quando é o cliente que precisa, cobram juros compostos (por exemplo, cheque especial).

O fator que mais ajudou ao crescimento dos bancos foi o aumento da taxa Selic (Sistema Especial de Liquidação e de Custódia), a taxa básica de juros que é cobrada no mercado financeiro e no mercado produtivo, com o pretexto de dificultar a inflação.

Ora, querer acabar a inflação, aumentando os juros, é uma tarefa tremendamente injusta, pois, como vimos, a carga tributária como é cobrada hoje onera mais os pobres do que os ricos, e a inflação também. Por isso, essa carga vai cair maciçamente no ganho da saúde e da educação do povo pobre.

A conclusão que podemos tirar disso tudo é que os tributos têm de ser escalonados, tanto em geral quanto dentro de cada um deles, não pensando no Capital/Dinheiro como é agora, mas pensando nas pessoas. Isso seria um ganho inacreditável para o Brasil. Na medida em que nos preocupamos com as pessoas e não com o lucro, o que quer que seja dado às populações pobres de nosso país reverterá, inteiramente, para a economia, aquecerá o consumo e melhorará a qualidade de vida de todos, aumentando assim a taxa anual de crescimento do PIB. Ao passo que se ela continuar concentradora, como é agora, a maioria da renda nacional, em vez de ir para as pessoas, irá para especulações financeiras, quando não para paraísos fiscais. O Brasil está hoje no 150º lugar na classificação da igualdade social, portanto está entre os que são mais desiguais do mundo, perdendo apenas para alguns países africanos.

Nestes últimos anos, o grande motor do crescimento do Brasil, como um todo, tem sido a saída da pobreza extrema de dezenas de milhões de pessoas por causa do incentivo que o governo lhes dá, seja no Bolsa Família, no Cheque Cidadão ou em outros programas, o que nos faz prever que provavelmente, no futuro, o Brasil irá tornar-se uma economia cada vez maior e mais integrada. O Governo Lula foi o primeiro governo no século XXI a transformar a condição dos pobres, e isso está começando a ser seguido por outros países no mundo inteiro.

Segundo a Revista *Carta Capital* e pesquisas da FEA-USP, o Brasil ocupa também a 150ª posição no *ranking* dos países que mais consomem tempo das empresas para que sejam quitados os tributos, com 2.600 horas ao ano, enquanto esse custo cai a 385 horas nos demais países da América Latina e para 194 horas nos países da OCDE (Organização para a Cooperação e Desenvolvimento Econômico). E, também, possui um custo muito elevado para arrecadá-lo, chegando a 11,3 bilhões de reais em 2009, ou 1,35% da arrecadação total, sendo superado apenas por Portugal, que gasta 2,75% do arrecadado. E muito por conta do excesso de burocracia e da consequente corrupção. Tomara que essa enormidade de horas que levamos para pagar os impostos seja convertida para a economia real e não para o bolso dos mais ricos.

O gasto da Previdência Social não deve ser contabilizado como prejuízo, isto é, não devemos diminuir cada vez mais a aposentadoria do INSS, mas sim aumentá-la segundo, pelo menos, a inflação, porque toda ela reverte também para a movimentação da economia. Se levarmos em consideração a carga tributária líquida, eliminando os gastos sociais, a "carga tributária brasileira cai de 35% para 20% do PIB, menor que na Alemanha de 21%, no Canadá, que tem 23%, e pouco acima nos EUA, que é de 16%".[2]

Essa diminuição da carga tributária já ocorre nas micros e pequenas empresas que pagam impostos de 6% (Simples), enquanto as outras pagam de 12 a 15%, o que está muito certo. As macroempresas poderiam pagar ainda mais.

Um último dado é que seria absolutamente necessário incluir na carga tributária o desmatamento, a poluição e todos os outros fatores ecológicos essenciais para a sobrevivência de todos nós.

Mudando as contas nacionais

Agora, podemos ir um pouco adiante naquilo que já está começando no mundo. É imprescindível que mudemos o Produto Interno Bruto, que só se compõe de índices econômicos, como se nós fôssemos apenas seres econômicos, como já dissemos, em outros tipos de indicadores internacionais, nacionais e locais. Já vimos que não podemos contar como lucro a descapitalização ecológica de nosso meio ambiente.

É preciso contar como lucro o tratamento da terra, das florestas, dos rios, e não seu envenenamento. Somente assim teremos uma economia sustentável. O problema não é não consumir, mas sim como consumir e, principalmente, como

---

[2] *Carta Capital*, p. 25.

utilizar as sobras do que já foi consumido, reciclando o lixo, os materiais descartados e os refugos da produção. Recentemente, um programa na televisão, comandado por André Trigueiro, um dos mais importantes ambientalistas da TV brasileira, mostrou como transformar os milhões e milhões de pneus velhos em concreto ecológico. No Universo, nada se perde e nada se cria (depois do *Big Bang*), tudo se recicla, até o menor átomo. E nós, porque há de ser diferente.

Temos, hoje, o mesmo número de átomos em nosso Universo que tínhamos depois do *Big Bang*, e tudo se reciclando continuamente. Assim, podemos concluir que, também nós, não precisaremos descartar em imensas montanhas infectas de lixo nosso refugo, mas sim transformá-lo inteiramente.

Também com André Trigueiro, outro documentário mostrou como se recicla os descartes mais perigosos: computadores, celulares, televisões, pilhas etc., e também o mais terrível de todos: o descarte atômico (descartes de usinas de energia nuclear).[3] Os refugos nucleares demoram dez mil anos para serem absorvidos pela natureza. A energia nuclear parece ser limpa a curto prazo, mas é a pior de todas a longo prazo.

Por isso, temos de mudar os itens que compõem nossa conta nacional. É visionário, mas boa parte do mundo está compreendendo que é isso que deve ser feito. Se computarmos, além dos econômicos, os fatores de qualidade de vida, veremos que os países mais ricos do mundo em termos econômicos não são os mais ricos, e sim aqueles que estão aprendendo a construir uma economia sustentável.

---

[3] "Cidades e Soluções", in *Globo News*, julho de 2010.

Segundo o excelente trabalho de Sachs, Dowbor e Lopes,

> as contas devem refletir os objetivos a que visamos. O PIB indica a intensidade do uso do aparelho produtivo, mas não nos indica a utilidade do que se produz, para quem, e com que custos para o estoque de bens naturais de que o planeta dispõe. Conta como aumento do PIB um desastre ambiental, o aumento de doenças, o cerceamento de acesso a bens livres. O IDH já foi um imenso avanço, mas temos de evoluir para uma contabilidade integrada dos resultados efetivos de nossos esforços, e particularmente da alocação de recursos financeiros, em função de um desenvolvimento que não seja apenas economicamente viável, mas também socialmente justo e ambientalmente sustentável.
> As metodologias existem, aplicadas parcialmente em diversos países, setores ou pesquisas. A ampliação dos indicadores internacionais como o IDH, a generalização de indicadores nacionais como os *Calvert-Henderson Quality of Life Indicators* nos Estados Unidos, as propostas da Comissão Stiglitz/Sem/Fitoussi, o movimento FIB – Felicidade Interna Bruta – todos apontam para uma reformulação das contas. A adoção em todas as cidades de indicadores locais de qualidade de vida tornou-se hoje indispensável para que seja medido o que efetivamente interessa: o desenvolvimento sustentável, o resultado em termos de qualidade de vida da população.[4]

Mudando, então, o conceito do "que entra" e do "que sai".
Vamos ver agora as outras características do Capital/Dinheiro.

---

[4] "Crises e oportunidades em tempos de mudança", no *site* do FSM temático Bahia, 2010.

XX

MUDAR A NATUREZA DO LUCRO

Falta-nos, agora, chegar aos pontos principais que devem ser mudados no dinheiro competitivo: os lucros, as reservas fracionais e os juros. Antes disso, vamos citar alguns trechos da entrevista que o Prêmio Nobel da Paz, Muhammad Yunus, deu para *O Globo,* no dia 1º de junho de 2010.

Ele começa mostrando que as empresas não devem ter como finalidade principal a maximização do lucro, que é aumentado pelo uso abusivo dos juros. Os juros são taxas que nos são cobradas quando o banco nos empresta um dinheiro. Quando pede dinheiro emprestado para nós, o banco nos paga com uma taxa de juros simples, isto é, aumentados mensalmente sem contar os juros do mês anterior. Um exemplo muito simples é a Caderneta de Poupança, que nos paga 0,70% por mês, independentemente do tempo de sua existência. Mas quando nos dão um dinheiro emprestado, eles cobram juros sobre juros, como no cheque especial, isto é, cobram juros sobre os juros dos meses anteriores daquilo que tomamos, o que não faz a Caderneta. Isso o banco faz mês a mês e, depois de um ano, está fabricada uma "bola de neve" enorme na quantia a ser paga pelo cliente.

Para entender como se faz isso, podemos voltar ao exemplo da Poupança. Os juros da Poupança são o que se chama juro simples, isto é, em que um juro é somado ao outro. Ao passo que o juro composto, como o do cheque especial, é multiplicado. Esse é o juro que inclui os juros anteriores. O primeiro é processo de soma, o outro é processo de multiplicação. Assim, podemos entender bem o problema do juro simples e do juro composto. O juro composto é uma praga, uma agiotagem inacreditável dos bancos que o fazem mais poderosos que o sistema produtivo. O sistema financeiro hoje, por causa do juro composto e das reservas fracionais integrados, além de taxas escorchantes, é muito mais poderoso que o sistema produtivo e, por isso, domina esse mesmo sistema produtivo. O banco, facilmente, somente empresta a quem tem dinheiro ou garantias, quase nunca emprestando àqueles que precisam. Outra distorção muito grande: um dinheiro que não existe, vindo do nada (reservas fracionais), é mais precioso que uma produção concreta, inclusive a de alimentos.

As reservas fracionais, como já vimos nos capítulos anteriores, é aquela quantidade de dinheiro que não existe e que, mesmo assim, os bancos podem emprestar, cobrando juros também do nada! Por exemplo, no Brasil, no Governo Fernando Henrique Cardoso, os bancos foram "arrolhados", tinham de depositar todo o resultado dos depósitos de cada dia no Banco Central, podendo fazer circular em empréstimos apenas 5% do que haviam arrecadado. Mas aí vem o caso das reservas fracionais. Essas reservas são acrescentadas ao dinheiro/papel. Por exemplo, se os bancos podem emprestar – e há centenas de anos fazem isso – em papel moeda, digamos, dez mil reais ou 5% dos depósitos daquele dia, podem emprestar em geral dez vezes mais que esses dez mil reais, isto é, cem mil reais *que não existem*! E cobrar juros sobre os noventa mil reais fictícios, e, assim, em vez de fazer circular apenas 5% do dinheiro depositado naquele dia, podem fazer circular efetivamente 50% dos depósitos, mesmo que os 45% não existam na realidade, e cobrar juro composto desses 50%. É dessa forma que os bancos ganham dinheiro em "bola de neve" e ninguém no sistema produtivo consegue ganhar lucros assim.[1]

Os lucros do sistema produtivo são a diferença entre o preço do que gastam e o preço do que captam, e isso, em geral, tem um limite pela própria competição das empresas entre si, ou como dizia Adam Smith, "a mão invisível do mercado". Que não é invisível coisa alguma, mas produzida pelos Senhores do Dinheiro. Isso tudo, juro e maximização de lucros (os lucros deviam ser controlados e não instáveis, como quer a mão invisível do mercado), torna o dinheiro o motor principal da desigualdade entre ricos e pobres, e, para transformar esta desigualdade, é preciso mudar a própria natureza do dinheiro. Afinal, o supérfluo dos ricos ainda é a fome dos pobres.

Agora vamos citar Muhammad Yunus. Ele escolhe empresas dirigidas não para a maximização do lucro, mas para o empoderamento das pessoas, é a isso que ele chama de empresas ou negócios sociais. "Além disso, para ser chamado de negócio social, é necessário ser autossustentável. Então é preciso que o sistema se mantenha sozinho, mas sem maximizar lucros, porque isso não é sustentável para uma sociedade". Então, Yunus escolheu um alvo para seus negócios: a

---

[1] Ver capítulo II, na primeira parte deste livro.

pobreza e, para isso, inventou o microcrédito, isto é, em vez de um banco dar muito dinheiro a quem já tem e pode dar garantias, dá um pouquinho de dinheiro a quem nada tem e não pode dar garantias. E, assim, Yunus criou um banco de microcrédito a que chamou de Grameen Bank.

Os lucros obtidos pelo Grameen Bank são revertidos aos credores, que são os verdadeiros donos do banco. É deles o dinheiro que é multiplicado. Trata-se de uma forma de capitalismo mais humana, diferente da que predomina hoje. A forma de organização do Banco Grameen, os objetivos, o tipo de propriedade e gestão coletivas, tudo isso prova que o Banco Grameen não é um banco capitalista. Pode ser chamado de banco social. Nasceu no interior do capitalismo, mas transcende ao mesmo! É o novo crescendo de dentro do velho! Isso é economia solidária. Por exemplo, existem programas de microcrédito que são negócios sociais, e outros que não são. Existem dois tipos de microcrédito. De um lado, há aqueles que têm como objetivo fazer dinheiro a partir dos pobres. De outro, há programas criados para promover o acesso das pessoas a um financiamento, para fazê-las sair da pobreza. Ao segundo caso, chamamos de negócio social, no qual não há lucros máximos para os acionistas.

É legítimo recuperar os investimentos feitos no programa, mas não se pode pensar em maximizar lucros. Podemos pensar em um cálculo que some o custo operacional, digamos algo em torno de 6%, com mais 10%, referente à recuperação dos investimentos. Se o custo operacional for de 10%, somamos mais 10%, e o teto seria 20%. Essa taxa estaria numa linha verde. Se o banco soma ao custo operacional de 10% a 15%, está na linha amarela. Agora, se o banco soma mais de 15% ao custo, a linha é vermelha. É preciso ver onde seu programa está e comparar com onde deveria estar. (...)

Nos negócios convencionais, tudo é para mim, nada para os outros. Eu fico mais rico, super-rico, e esse é meu objetivo. Já nos negócios sociais, tudo é para os outros. Os lucros são para as pessoas que trabalham e fazem aquele negócio se manter, e não para os acionistas. Valoriza-se o potencial do ser humano. Claro que é necessário pensar nos investimentos, nos custos, e isso precisa ser recuperado. Mas, no fim do ano, em vez de a empresa medir seu crescimento por meio dos lucros, ela pode fazer um levantamento para descobrir quantas pessoas saíram da linha da pobreza por causa do programa que ela desenvolveu. É uma forma inversa de se pensar os êxitos de uma companhia.

E, assim, ele mostra como os negócios sociais são uma chave para erradicar a pobreza. E continua:

> uma força muito forte, muito poderosa de mudar a forma como o mercado se comporta. No negócio social, as pessoas passam a ser o mais importante. (...)
> Hoje o paradigma é quanto mais dinheiro você fizer, mais feliz será. Mas os empresários fazem isso, porque não sabem que quando você resolve um problema da sociedade, que prazer isso lhe dá. Tocar a vida de alguém é muito viciante. Hoje as pessoas pensam: eu tenho que ter muito dinheiro. Todo o mundo lhe diz: trabalhe duro para ter um emprego e trabalhe numa empresa. Mas é uma escolha. Negócio social também é um negócio, você pode sobreviver colocando-o em prática. Hoje, os jovens vão à escola e à universidade e aprendem a seguinte lição: se você se esforçar, vai conseguir um grande emprego. E um grande emprego significa uma vaga em uma grande empresa. Quanto maior a empresa, melhor. E... para quê? Para trazer mais lucros para a empresa. Então, você dedica sua vida inteira para fazer uma outra pessoa ficar mais rica. É uma nova forma de escravidão. Por que não

usar a capacidade intelectual, a criatividade de cada um, para resolver problemas que são de todos? A pobreza não é um problema apenas dos pobres, mas da sociedade inteira. E muita gente passa a vida alheia a isso. Hoje, em escolas de administração, tudo o que lhe ensinam é como gerir um negócio para fazer mais dinheiro. Devíamos ter pós-graduações que ensinassem como gerir negócios sociais, ou seja, como resolver problemas sociais. Precisamos treinar pessoas jovens a fazer negócios como esses, com MBAs específicos. Os estudantes precisam ter uma escolha, para decidir a que tipo de trabalho dedicarão suas vidas.[2]

O Grameen Bank criou projetos sociais em Bangladesh que estão indo muito bem, tirando muitas pessoas da pobreza. Vários pobres, inclusive, chegaram a fazer doutorado, e a inadimplência máxima dos negócios sociais não é mais que 3%, tal qual com as moedas complementares. Os pobres pagam suas dívidas, os ricos é que não pagam, usando em seu benefício o dinheiro dos pobres.

Ao ser perguntado sobre quantos negócios sociais existiam no mundo, Yunus respondeu:

> Na Alemanha temos a Basf, que criou um produto acessível a qualquer um para proteger as pessoas de mosquitos. A empresa de água Veolia também tem um negócio para dar acesso à água potável, e também uma grande companhia alemã chamada Otto. A Adidas está começando em Bangladesh, para dar acesso aos pobres a bons calçados, porque andar descalço faz com que estejamos vulneráveis a doenças. Não conheço nada parecido

---

[2] Idem.

no Brasil. É preciso pressionar as empresas e perguntar a elas: Por que não fazem no Brasil? O que estão fazendo com tantos lucros? E não é tão caro, não custa milhões, porque se recuperam investimentos. As universidades também precisam estar envolvidas. Nos Estados Unidos, a Universidade da Califórnia criou o Instituto de Negócios Sociais.

E finalizou, afirmando que o sistema atual é dos ricos para os ricos e, portanto, é excludente. O sistema atual está desgastado,

> não se pode tirar tudo do meio ambiente e da sociedade impunemente. Os problemas estão explodindo e as empresas terão de agir de outra forma. (...)
> É a mesma máquina. Vocês vão consertar, e ela vai quebrar de novo. É necessário refazer o sistema, porque este não está funcionando.[3]

Diferentemente de Yunus que não conhece empresas includentes, em nosso livro *Mais Lucro: Valores humanos na construção da empresa*,[4] entrevistamos sete empresas que usam seus lucros na promoção de seus subordinados. Por exemplo, a Fersol e seu presidente Michael Haradom foram por nós entrevistados entre os sete que conseguimos encontrar. Ele e sua empresa estavam falidos por ocasião do Plano Collor, devendo por volta de dez milhões de reais, e ele passou a seus empregados, na maioria mulheres e afrodescendentes,

---

[3] Idem.
[4] MURARO, Rose Marie. *Op. cit.* Ed. José Olympio, 2005.

a decisão de como sair da falência. Tornou-os participantes da empresa e, em quatro anos, ela saiu da falência. E não só isso, a Fersol cresceu enormemente e seus empregados têm até hoje cursos de protagonismo, economia, administração etc., tudo financiado pela empresa. E Haradom passou a ser o símbolo da nova empresa no Brasil. Também entrevistamos Rodrigo Loures, dono da Nutrimental, empresa de produtos alimentares, que com o mesmo método não apenas saiu da falência, mas também pagou trinta milhões de dólares (a dívida da Fersol era de apenas dez milhões), e, hoje, é diretor da Federação das Indústrias do Estado do Paraná, levando sua experiência para mais de 26 mil empresas.

Vale a pena pensar em empresas focadas nas pessoas e não somente nos lucros, porque elas não só crescem mais que as outras, mas também incluem os pobres no processo de desenvolvimento. Essa será definitivamente o tipo de empresa do futuro. Ela é anticíclica e, em vez de perpetuar as crises, evita-as, porque todo mundo pode pagar suas dívidas. Assim, inclusive, não há um superconsumo de alguns, nem excessiva miséria de outros. Infelizmente, tais ações ainda são poucas, mas estão multiplicando-se aceleradamente.

XXI

MOEDA COMPLEMENTAR: A MELHOR FORMA DE ACABAR COM A POBREZA

Além do microcrédito, há uma forma mais avançada de acabar com a pobreza, que é a moeda complementar. Ela não trabalha somente com a moeda oficial como o microcrédito, mas com outras moedas que são pedaços de papel e que, muitas vezes, têm seu lastro na moeda oficial, como já vimos na primeira parte. Vimos, inclusive, que, à medida que essas moedas são usadas antes de serem trocadas outra vez pela moeda oficial, elas aumentam a custo zero até duzentas ou trezentas vezes o valor do Real. Elas são feitas exatamente para as épocas de grandes crises, em que a moeda oficial, que está na mão de muito poucos, é escassa para o povo em geral. E mais que tudo, para os bolsões de pobreza que estão sempre em crise, porque, nesses guetos, para todos a moeda oficial é sempre escassa. Os bancos sociais são criados não por comerciantes, mas pelos próprios pobres, como também já vimos no capítulo X, e geridos por eles; e para poderem funcionar, seu efeito é apenas local. Assim, saímos de um modelo de desenvolvimento insustentável que vem de cima para baixo, que exclui a grande maioria da população, e passamos a um modelo de desenvolvimento que vem de baixo para cima, de dentro da pessoa para fora dela, que é o contrário do sistema atual. É uma espécie de socialismo que não exclui o mercado.

Quais são os motivos pelos quais a moeda complementar é a melhor maneira de erradicar a pobreza?

Em primeiro lugar, porque saem dos pobres as principais atitudes para sua formação e uso, assim dão o primeiro passo para assumirem seu papel de sujeitos da História. Vejamos mais outros motivos:

– São eles mesmos que decidem comunitariamente quem deve fazer o que e onde nos bancos comunitários.

– O banco não pertence a nenhum deles em particular, mas sim à comunidade inteira, o que já é um primeiro modelo de uma sociedade solidária e colaborativa.

– São também eles que decidem como empregar e gerir o dinheiro (com auxílio do Banco Popular do Brasil) e os baixos juros que devem ser cobrados aos que vêm pedir empréstimo. Para serem realmente democráticos, muitas vezes os empréstimos são pagos, pelos mais pobres, com serviços ao banco e à comunidade, como a construção de casas, ruas etc., que lhes permite, inclusive, até ganhar algum dinheiro com o trabalho, caso seu valor exceda o do empréstimo. Assim, o banco pode tornar-se também, de certa forma, uma espécie de empregador dos mais despossuídos.

– Os empréstimos são feitos a quem realmente precisa, sem garantia. A única garantia é o testemunho de seus vizinhos e conhecidos sobre a honestidade da pessoa, o que é muito revolucionário no sistema capitalista. Fazendo, assim, com que o resto da comunidade também se controle, sem precisar de líderes carismáticos.

– Com os baixos juros e o auxílio, talvez, de alguma ONG internacional, esses pobres podem começar a fazer um saneamento da comunidade, bem como planejar suas ruas e a distância entre as casas, para que os espaços não sejam ocupados desordenadamente, o que é importantíssimo para que a água não transborde nas épocas de chuva.

– Os técnicos não mandam nos habitantes, mas planejam junto com eles, ou melhor, há uma relação igualitária entre parceiros, e não entre especialistas e ignorantes, a fim de que os especialistas aprendam a lógica dos pobres e a assimilem.

– Na Europa e nos Estados Unidos, os pobres conseguiram ter dinheiro para comer e ter uma vida digna. No Conjunto Palmeiras, a que já nos referimos, aconteceu o mesmo. Foram os pobres, que estavam adquirindo uma nova consciência comunitária, que tomaram todas as decisões para a construção e o saneamento da favela, até então composta de barracos de madeira desordenados e infectos.

– A moeda comunitária é uma moeda anticíclica, porque não depende do mercado manipulado pelos ricos, mas sim na época de escassez cria mercados locais imunes às crises da moeda oficial. Essa criação, que vai do local para o urbano e para o estadual, e no fim do nacional para o internacional, é que faz o tipo de desenvolvimento sustentável.

– Depois de certo patamar, esses bancos, juntamente com a comunidade, podem criar escolas, centros de treinamento profissional para jovens, funerárias, hospitais, farmácias, tudo de acordo com as necessidades da comunidade local e muito mais depressa que se fosse usada apenas a moeda oficial.

Aqui é bom relembrarmos que, como o economista Irving Fisher disse ao presidente Roosevelt na Grande Depressão, se a moeda complementar continuasse a ser usada, poderia tirar os Estados Unidos e o mundo da Grande Depressão em três semanas, hoje também acontece o mesmo. Naquela época, essa afirmação apavorou Roosevelt, o qual, como os outros presidentes (Alemanha e Áustria), colocou a moeda complementar na ilegalidade com medo de que ela ameaçasse a moeda oficial. Isso absolutamente não era o caso, porque a moeda complementar, em vez de ameaçar a moeda oficial, apenas a complementa, fazendo dela um bom negócio para ambas as partes. É uma operação ganha/ganha. Porque, com a criação de mais trabalho, se geram mais produção e, portanto, mais compra de matérias-primas industrializadas com moeda oficial. Em vez de enfraquecer a moeda oficial, a moeda complementar a reforça, mas os banqueiros tradicionais não têm consciência disso e sentem-se ameaçados por ela. Os países que não a colocaram na ilegalidade ganharam muito em estabilidade econômica, como são os casos da Suíça e da Nova Zelândia, que colocou todo o seu auxílio aos empregados em moeda complementar, desenvolvendo-se muito por isso.

Os bancos comunitários e a comunidade organizada incentivam a criação, na comunidade, de lojas e objetos (roupas, bijuterias, calçados etc.), muitos deles fabricados com a força de trabalho local, e também sugerem a difusão da fitoterapia, revalorizando os remédios naturais e comuns ao povo que não tem acesso aos remédios caros convencionais. Remédios que podem muito bem substituir alguns remédios até caros (mas não todos), como os antibióticos.

O microcrédito e as moedas complementares

Podemos considerar o microcrédito uma primeira etapa para a erradicação da miséria, mas, como vimos, apenas a moeda complementar pode acelerar essa erradicação. A diferença é que o microcrédito trata apenas com a moeda oficial, o que já é um grande passo. Mas a moeda complementar é somente uma mediação da troca para quem não tem possibilidade de recorrer a um banco. Ela é inteiramente dirigida para as pessoas, e não para o lucro, e, por isso mesmo, a longo prazo gera muito lucro. E é isso que o sistema financeiro convencional não compreende. Uma economia sustentável seria uma economia anticíclica: os ciclos gerados pela moeda convencional são neutralizados entre os pobres pela moeda complementar. E são os pobres quem mais sofre nas crises. Isso aconteceu em toda a história do mundo, como vimos no decorrer deste livro. Por isso, o mundo ganhará muito se as moedas complementares prosperarem em todos os países juntamente com o microcrédito.

XXII

AS CONSEQUÊNCIAS A LONGO PRAZO

O desenvolvimento das comunidades locais é essencial para a mudança da estrutura da economia. Quando se cria uma moeda social complementar e ela vai difundindo-se pelo País, as mudanças acabarão tomando um caráter nacional e, depois, internacional. Hoje, temos no Brasil uma centena de bancos comunitários e cerca de quinhentos grupos de troca, o que ainda é muito pouco para ter uma influência nacional. Mas, à medida que os bolsões de pobreza forem sendo ocupados por comunidades organizadas, a partir dos mais pobres (e não a partir das associações de moradores), obteremos alguns macros resultados. Já discorremos sobre alguns e agora falaremos de outros.

Todos poderão ter trabalho, isto é, todos poderão ganhar a vida. Seja por meio de empresas, seja pelas associações informais que tratarão da saúde, da educação e de outros problemas que não interessam às empresas, mas que poderão favorecer os sistemas de trocas, e isso muda o conceito de trabalho, como o do cuidado das crianças, dos deficientes e dos idosos, por exemplo, que não são computados na economia oficial. O trabalho não passará a ser mais o empobrecimento das pessoas em favor do enriquecimento de uns poucos empresários; assim, diminuirá drasticamente o número de desempregados. O famoso exército de reserva do proletariado (lumpemproletariado), de que falava Marx, terá praticamente desaparecido. Não se encontrarão mais pessoas com estresse como hoje. O trabalho será de todos para todos.

Contratam-se cada vez menos pessoas, seja pelo desenvolvimento tecnológico, seja pela ganância das empresas, substituindo empregados mais competentes e mais velhos por uma juventude incompetente, que pode dar muito prejuízo às empresas. Isso vem ocasionando uma quantidade cada vez maior de desempregados e, também, uma quantidade cada vez menor de empregados superestressados. E a busca de trabalho cada vez mais competitiva e violenta. Com a moeda social isso muda. Se ela chegar a todos os bolsões de pobreza do Brasil ou pelo menos à maioria, tal situação se modificará. A pobreza será diminuída não só pelo Bolsa Família, mas inclusive por trabalhos não convencionais que levam consciência aos mais desprovidos em troca de comida, alfabetização de adultos, cuidados de saúde comunitários, reciclagem de lixo, invenção de meios também não convencionais de reaproveitamento, não só das matérias-primas, mas também dos refugos, redimensionando o consumo, como sugere Mohamed Yunus.

Repensando a mídia e o consumo

Hoje, a mídia é voltada mais para assuntos de criminalidade que para transformações positivas, como a que está acontecendo agora, que é a proibição de usar plásticos nos supermercados. A mídia é sustentada por um bombardeamento de publicidade de muitos elementos inúteis e de um tipo de vida insustentável. Por exemplo, o despejo de mil carros por dia no trânsito de São Paulo torna o ar dessa cidade muito mais poluído do que aguentariam as pessoas e mais seco por causa dessa mesma poluição. O emprego do tempo fica todo distorcido pelas horas que se tem de passar nos engarrafamentos infernais. E nada disso é computado no PIB. Em toda a cidade, essa lamentável situação poderia ser transformada se a mídia não servisse ao interesse dos setores petrolíferos e automobilísticos. O transporte coletivo, caso houvesse suficiente pressão dos mais pobres, obedeceria a leis específicas, e a circulação de carros particulares teria de ser reduzida às dimensões humanas, senão, dentro de dez anos, será impossível transitar pela maioria das ruas das grandes cidades brasileiras; e o que perdemos em horas de trabalho é incontável.

O consumo de supérfluos da mesma forma seria transformado em um consumo consciente; haveria menos miséria e menos imensas riquezas depositadas em bancos suíços ou em paraísos fiscais. É preciso transformar a natureza do consumo para vermos menos lixo, que já está asfixiando as populações e que tenderá nos próximos anos a asfixiá-las de maneira insustentável.

Para isso, são importantes os clubes solidários de troca. Façam-se grupos de amigos empenhados em trocar entre si os objetos que não mais usam em vez de jogá-los no lixo, e assim reaproveitar tudo até o limite. É a partir desses grupos de troca que começamos a pensar na moeda social-complementar, assim mudamos a estrutura da publicidade. Ela seria feita, apenas, para firmas sustentáveis, e não para essas corporações internacionais que sugam os recursos naturais do mundo e produzem as crises financeiras de que já falamos neste livro.

Em poucos anos, a indústria da moda se reciclaria, seria feita não para os muito ricos, que pagam uma fortuna por cada peça de roupa, mas transformada na fabricação de muitíssimas peças mais baratas (inclusive recicladas). Não existiriam mais lugares como Dubai, no Qatar, onde só as grandes elites podem entrar e viver em um mundo exótico e absolutamente inacessível para 99,9% da população mundial, mas centros de lazer para os diversos e inúmeros interesses da população, respeitando sua educação, sua cultura clássica ou popular, e, pouco a pouco, as classes sociais iriam mudando. A luta de classes, que é tão assassina para uns e enriquecedora para outros, poderia ser transformada em "solidariedade de classes", possibilitando, assim, a construção de um mundo novo, a partir do despertar da consciência das populações mais pobres, radicalmente inibida pelos mais ricos, para que os pobres não se transformem e, consequentemente, não mudem o mundo.

Mas isso é inevitável, porque o consumo das matérias-primas terá de ser regulamentado de uma ou outra maneira. Por exemplo, elas não seriam utilizadas em obras faraônicas, a que poucos têm acesso, mas sim em projetos, tipo trem-bala, movido à eletricidade e não a petróleo, e que pode transportar um contingente enorme de pessoas a grandes distâncias. A ONU calcula em trezentos bilhões de dólares o montante necessário para tirar da pobreza absoluta as populações que vivem com menos de um dólar por dia, ou com menos de ¼ do salário mínimo por mês no caso do Brasil. Isso se opõe, hoje, de maneira gritante aos trilhões de dólares gastos para salvar o sistema financeiro internacional, nos anos 2008/2009. Uma ajuda que apenas interessava aos mais ricos. Tal prática foi completamente perversa por causa das novas invenções "criativas", como a securitização, derivativos e outros, em que se usa dinheiro que não existe. Esse tipo de educação para a abundância, se for dado para todas as camadas da população, em vez da educação para a competitividade, hoje ensinada nas escolas convencionais, pode mudar completamente a cabeça das crianças, dirigindo-as para a solidariedade e não para o individualismo que predomina nos países ricos.

Não poderíamos falar em educação para o altruísmo, que seria o contrário de uma educação de classes, quando falamos da educação no início deste livro, porque seriam necessários todos esses conhecimentos concretos para que ela pudesse ser desenvolvida. Disso, um exemplo gritante é o de uma menina com uma família muito bem estruturada, mas pobre, cuja mãe se viu obrigada a pô-la numa escola pública no Rio de Janeiro, onde era forçada a conviver com filhos de traficantes e delinquentes e onde lhe roubavam o lanche e os lápis de cor que trazia, porque eles não tinham. Havia muita violência entre as crianças, muito *bullying*, isto é, humilhação, e briga pelo poder entre eles desde o começo, o que refletia o ambiente das favelas, não só cariocas, mas também de todo o resto do Brasil, onde pessoas altruístas são obrigadas a se misturar com delinquentes. A delinquência somente diminuirá quando todos tiverem trabalho significativo para sobreviver. Quando demos os exemplos de como se formavam os camponeses e as classes dominantes, não pudemos colocar o exemplo de como nascem e se formam as "comunidades delinquentes".

Quando a criança nasce, ela aprende a ser abandonada e a ser tratada apenas no âmbito da sobrevivência física, e assim mesmo mínima; então, desde que nasce, ela vê que somente pode conseguir o que deseja se roubar, porque ninguém lhe dará: "Meus desejos só serão satisfeitos se eu lutar por eles, porque ninguém me ajudará, assim preciso roubar". Essa declaração de uma criança de sete anos, que vivia na rua, mostra bem tal situação: "Já que ninguém me dá comida, eu roubo".

Assim, pensam aqueles que não têm acesso à solidariedade, e isso ainda não pode ser detectado em pesquisas. A que fizemos foi nos anos de 1980 e não pudemos chegar à lei do "matar ou morrer" fisicamente, que rege as relações entre as pessoas mais pobres, que não têm quem cuide delas, tais como as do tráfico de drogas e dos moradores de ruas, que se alastram cada vez mais no Brasil e no mundo. É assim que tem de ser, mudando, desde o nascimento, o inconsciente dos delinquentes. Se as populações pobres tivessem outro tipo de entorno, de ambiente, que fosse solidário como o uso da moeda social está gerando, tudo seria diferente. Não se transformam nem as pessoas, nem o mundo, sem saciar a fome dos pobres. Somente essa possibilidade fará com que os excluídos possam alcançar a consciência de sujeitos da História. No caso dessas crianças, caso possam estar rodeadas de adultos conscientes, mesmo pobres, que tenham um sentido de vida comunitário, isso será passível de acontecer.

Um importante fator para essa transformação vem dos grupos religiosos que se estabelecem nas favelas, qualquer que seja sua crença religiosa, mas que levam as pessoas à solidariedade. Os pobres pagam suas dívidas, porque são educados tal qual toda classe média para não prejudicar o outro nem a si mesmo. Apenas os ricos é que não pagam, tanto países quanto pessoas, porque acham que o mundo lhes pertence. A corrupção só poderá acabar quando não houver mais impunidade para os ricos, e isso virá da consciência dos pobres que, pelas pressões que puderem fazer, inclusive pelo voto, expulsem as elites corruptas ou delinquentes da política e da economia. Muitas Assembleias Legislativas de Estados e Câmaras de Vereadores de Municípios são dominadas por representantes de grupos de extermínio, o que é escondido da população como um todo. Seus crimes não têm visibilidade na mídia, porque são ocultados pelos crimes individuais.

Assim, uma grande mudança capilar tem de ser feita para que a mídia possa ser transformada, não mais em serva de corporações poluidoras e excludentes, mas sim em ajudantes de firmas sustentáveis e solidárias. Já vimos como essas firmas, em um médio prazo, crescem mais do que as firmas que trabalham por meio do temor e da competitividade entre seus empregados.

Quando esta autora começou a militar em movimentos sociais, eles lutavam sem saber como fazer, realmente, para propiciarem o nascimento de um mundo novo. Hoje, quarenta anos depois, os caminhos deste mundo novo já estão mais ou menos delineados. Já sabemos para onde vamos! Já sabemos o que queremos! Mas o tempo para que isso aconteça está encurtando.

XXIII

SOBRE A NATUREZA DA CORRUPÇÃO

Quando, no capítulo XI, falamos sobre as classes sociais, insistimos em como elas teriam de mudar seu tipo de cabeça antes de mais nada, para formarmos uma economia sustentável, mas ali não tocamos em uns assuntos muito dolorosos: o crime organizado, as drogas e a corrupção. Essas são as últimas e mais terríveis fases do sistema competitivo ganha/perde. O que dissemos no capítulo anterior seriam as primeiras fases de uma sociedade ganha/ganha. Tais palavras parecem visionárias ou definitivamente sonhadoras, se não estivéssemos na Era da Informação em que todos terão de participar de tudo. Portanto, urge frearmos a sociedade ganha/perde que se vai intensificando.

Tudo, ou quase tudo, faz-se por dinheiro na sociedade capitalista atual. Então, ela se torna esquizofrênica: de um lado aqueles que querem transformar o mundo para que ele sobreviva e, de outro, aqueles que, a qualquer preço, querem ganhar dinheiro, usando para isso de todos os meios, mesmo os ilegais e antiéticos. Na maioria das Assembleias Legislativas das instâncias políticas, e até no Congresso Nacional, graças à corrupção escondida sob uma capa de legalidade, cometem-se todos os crimes, inclusive assassinatos de pessoas que estejam atrapalhando seriamente essa mesma corrupção. Sabemos, também, de vários desastres de automóveis que servem para "queimar arquivos" perigosos. Mas aqueles que não podem fazer isso, porque não pertencem à classe dominante, tornam-se na zona rural ou nas periferias matadores profissionais para ganhar a vida e, aí, sua existência é considerada "natural". E eles também viabilizam formas de queimar seus arquivos. No livro *Como se fabrica um pistoleiro*,[1] a antropóloga Peregrina Capelo Cavalcanti estudou as escolas de formação de pistoleiros que existem no Ceará e em todo o Nordeste. Ela constatou que esses matadores transferem-se aos poucos para as cidades.

Nos meios urbanos, à medida que a renda se concentra, vão tornando-se cada vez mais frequentes os assaltos à mão armada, as chacinas, os latrocínios, os roubos de carros e, também, o fenômeno mais moderno do Brasil: a pirataria de objetos (*fakes*) de grifes de outros países, principalmente da China. Esses objetos são comprados pelas classes pobres ascendentes, que hoje já é um fato irreversível em nosso País, para terem a ilusão de que pertencem a uma classe mais alta, na qual não nasceram. Por isso, sua participação é limitada por suas próprias cabeças, por terem nascido oprimidos.

A principal e mais "honesta" dessas atitudes hostis é chamado de crime organizado, em que pessoas nascidas nas ruas ou de famílias pobres muito desestruturadas juntam-se em gangues, seja para vender drogas, seja simplesmente para ganhar dinheiro por meio de assaltos ou assassinatos. As pessoas muito idealistas, como é o caso desta autora e muitos outros

---

[1] CAVALCANTI, Peregrina Capelo. *Como se fabrica um pistoleiro*. Editora Girafa, 2005.

que estão "batalhando" por uma nova economia e um mundo novo, esquecem que esses excluídos também têm de, de uma outra forma, ser incluídos na nova sociedade, na nova economia. Esses excluídos, em geral, são crianças que foram abandonadas pelos pais, por causa de sua extrema pobreza ou por outro motivo dela decorrente, e "pensam", como já dissemos, inconscientemente desde que nascem: se eu não me virar, ninguém vai me ajudar. Eles são os que moram nas ruas, nos túneis, ou, até mesmo, já estão suficientemente organizados para ter dinheiro, no mais das vezes muito dinheiro, principalmente com o comércio de drogas. Hoje, calcula-se que cerca de 25% da população jovem, principalmente a mais pobre, esteja viciada em drogas, inclusive no crack, que é a mais perigosa de todas por ser a que mais vicia, além disso ele é feito do refugo deixado pela fabricação da cocaína. Esta é destinada, quase que exclusivamente, aos que têm mais dinheiro.

Esses marginais da droga muitas vezes usam expedientes que somente encontramos nos circos romanos, como, por exemplo, jogar as pessoas vivas em rios que têm jacarés – ou mesmo mortas – que é o caso do Rio de Janeiro ou dá-las a cães *rottweilers* para serem devoradas. Isso está espalhando-se no Brasil inteiro. Ou ainda, o que é pior, existem lugares afastados onde se criam onças ou outros animais ferozes que se alimentam de carne humana. Mais comum ainda é o que chamamos de "micro-ondas", que são pessoas mortas ou vivas colocadas dentro de uma pilha de pneus em que se ateia o fogo, fazendo com que depois do término do ritual macabro se encontre apenas cinzas. Assim, o corpo desaparece e ninguém é culpado pela morte de ninguém.

É preciso que transformemos a lei penal brasileira, pois hoje a maioria dos assassinatos não deixa corpos, e para que esses casos possam ser punidos é necessário que haja outros fortes indícios do crime. Isso remete a uma verdade cruel: a espécie humana em nada avançou emocionalmente desde os tempos dos gladiadores e das lutas entre humanos e leões nos circos romanos.

Um caso bem diferente desse, mostrando o não desenvolvimento emocional da humanidade, foi uma entrevista dada no Brasil pelo cineasta português Manoel de Oliveira, em seus 101 anos, muito considerado no mundo inteiro. Quando foi perguntado se o cinema havia progredido nesses cem anos, sem hesitar, ele respondeu: "Não progrediu nada. Só a tecnologia". Com ele concordamos inteiramente, isso não aconteceu só no cinema, pois a civilização de consumo, que puxa as pessoas para fora de si e as põe em contato com a realidade externa, muitas vezes virtual, impede a criatividade. Já não temos grandes poetas, grandes místicos, grandes criadores.

Quem é o "Beethoven" do final da segunda metade do século XX ou do início do século XXI? Ninguém! E o Freud? E o Marx? Quem substituirá Tom Jobim no Brasil? E aos Beatles, Chico Buarque ou Carlos Drummond de Andrade? Não temos ninguém em vista com este grau de profundidade. Isso impede que a humanidade cresça, pois a publicidade a dirige apenas para o consumo, ou melhor, para o hiperconsumo e, portanto, ao desequilíbrio financeiro das nações. Por exemplo, as famílias estadunidenses devem 90% do PIB dos Estados Unidos e o governo mais de 113%, devido aos trilhões de dólares sem lastro que emitiu, inclusive, publicamente, em frente à televisão para salvar os bancos que iam quebrar todos.

Na Europa, o caso é muito pior. O economista brasiliense José Luiz Ouseiro disse em entrevista à TV Senado, realizada no dia 07/07/2010, que a maioria dos países europeus deve duas ou três vezes seu PIB. Esses são os casos da Grécia, Portugal, Irlanda e Reino Unido. A França deve 40% do PIB, e o Brasil, apenas 20%. O PIB da Grécia, por exemplo, de 82 bilhões de dólares, é largamente ultrapassado pela dívida total do país, que é de mais de trezentos bilhões de dólares no ano de 2010, uma dívida realmente insustentável. O dinheiro que foi emprestado pela União Europeia e Alemanha apenas dá para apagar os incêndios imediatos, mas o grosso da economia europeia está muito mais endividada daquilo que pode pagar, porque o Euro, diferentemente do Dólar, engessa as nações e elas não podem diminuir suas dívidas, fazendo cair a moeda como faz os Estados Unidos, com isso colocando sobre todas as pessoas do mundo seus prejuízos.

Quanto ao dinheiro ilegal das classes ricas, que é o caixa dois das empresas – um dinheiro não declarado para não pagar impostos –, esse envolve praticamente todas as empresas do mundo que, a nosso ver, fazem, juntando isso tudo, com que a economia ilegal seja muito maior que a economia legal. Por isso, esse dinheiro ilegal está crescendo cada vez mais. Quantos trilhões de dólares estarão depositados nos bancos suíços ou nos paraísos fiscais? É o dinheiro daquele 1% da população mundial que detém a grande maioria do PIB global e que ainda está por ser descoberto. A corrupção não é somente local (gangues) e nacional (política e economia), mas também – e essa é a pior de todas – internacional. Em todos esses âmbitos, a corrupção, isto é, a apropriação indébita do patrimônio da sociedade por mãos privadas, acelera-se de forma exponencial.

É a isso que leva a economia competitiva. Nos casos da criminalidade das pessoas pobres ou ricas e, também, das nações que manipulam as bolsas mundiais, o mundo está vivendo atualmente uma situação insustentável. O economista Paul Krugman mostrou, em artigo publicado na *Carta Maior* de 15/07/2010, chamado "Alerta para sinais de uma terceira depressão", que o mundo está caminhando, inexoravelmente, não para uma grande recessão, mas para uma grande depressão, pior que as de 1873 e de 1929, que apenas acabou após a Segunda Guerra Mundial. Mas naquele tempo o dinheiro ainda tinha o lastro ouro que impedia a loucura que vivemos hoje, e mesmo assim já foi tão grave. Imagine o que nos espera no futuro próximo.

O presidente Barack Obama sancionou leis que regulam os bancos em todos os âmbitos, o que mostra que, pelo menos naquele país, o neoliberalismo está sepultado, pois já está provado que a economia não é maior que o Estado, que está em mãos de pessoas gananciosas, que querem o lucro a qualquer preço e ignoram as demais pessoas.

Pelo menos isso. Esperamos, entretanto, que haja uma quebra generalizada entre os bancos da Europa e da Ásia, inclusive o *"Default"* de muitos países. É preciso regular os bancos sim, mas também criar um novo tipo de economia que supere o capitalismo que, essencialmente, é a lei do mais forte. Ou criamos uma economia para as pessoas comuns, ou haverá levantes generalizados em todos os países se os controles sobre o dinheiro dos pobres forem muito rígidos. O Brasil é o único país do mundo que teve um presidente que fez um mínimo pelos pobres, e, por isso, a economia brasileira tende a crescer em alto ritmo, por causa desse pequeno dinheiro, tirando nossa Nação da recessão mundial. Devido a isso, o Fórum Econômico de Davos de 2010, que reúne os grandes empresários e os maiores presidentes da república dos países ricos, considerou, como já dissemos, o maior estadista do mundo um presidente que apenas tinha um diploma de curso fundamental, mas que havia experimentado durante muito tempo a fome em sua própria carne.

É muito difícil para as pessoas que nunca passaram fome governar para os esfomeados, e são esses os que irão julgar a História. Considero que esse Governo Lula foi uma espécie de transição para uma economia internacional mais voltada para a pessoa, que é o que estamos propondo aqui.

O sistema perde/perde

Por tudo o que acabamos de ver neste livro, vale a pena citar alguns fatos ecológicos que marcam bem a luta Economia x Ecologia. Em agosto de 2010, todos os jornais e televisões do Brasil davam muito espaço para as grandes tragédias ecológicas que atualmente estão acontecendo.

– Grande parte das florestas da Rússia está sendo queimada por incêndios que nunca diminuem, porque a temperatura média do verão naquele país, pela primeira vez na história, chegou a 40º centígrados. Só de calor morreram setecentas pessoas por dia. Lá, um terço das culturas de trigo foi destruído e a Rússia não exporta mais seu trigo para outros países, dos quais o Brasil era um grande importador, aumentando assim o preço dessas *commodities* e de todas as outras nas bolsas internacionais, o que é péssimo para o mundo.

– As inundações já contam cerca de quinhentos milhões de desabrigados entre a China e o Paquistão. Não há mais água para essa gente toda e as chuvas não vão parar tão cedo. Inclusive no sul do Paquistão, mais de três milhões de crianças estão gravemente enfermas por causa das doenças trazidas pela água contaminada, entre elas a cólera, que é contagiosa.

– Atualmente, segundo o Ibama, temos 333 mil focos de incêndio em todo o Centro-Oeste brasileiro, incluindo Brasília. O Distrito Federal está com uma média de 1.800 focos de incêndio que não conseguem ser debelados. O clima está em sua fase mais quente e seca no Centro-Oeste do país. No norte do Mato Grasso, cidades têm sido destruídas, ou quase, pelas chamas, como Marcelândia e Peixoto de Azevedo, e os focos estão longe de ser extintos. E já começa a haver também focos de incêndio em plena floresta amazônica. Quanto à desertificação, o próprio Ibama calcula que somente no sul do Ceará e do Piauí seu tamanho seja igual ao Uruguai. E assim por diante...

QUARTA PARTE

COMO IMPLANTAR CONCRETAMENTE AS MOEDAS COMPLEMENTARES

XXIV

EDUCANDO PARA UM MUNDO ALTRUÍSTA

Já vimos na parte de educação que, desde o nascimento, as crianças são educadas para a competitividade e "carimbadas" em sua personalidade com os valores da cultura em que estão imersas.

A essa altura do livro, já podemos ter uma ideia incipiente de como podemos educar as crianças para um mundo altruísta. Primeiro temos de dizer que, debaixo da competitividade desenfreada de nosso mundo, há um colchão de solidariedade e altruísmo silencioso, que não é percebido por nós, adultos. Esse colchão está na maneira mais ou menos carinhosa de como as mães tratam os filhos pequenos. Antes de nos referirmos a isso, queremos dizer que crianças que não tiveram carinho na infância, que foram desnutridas e que viram suas famílias serem desintegradas, receberam uma mensagem inconsciente, que é a seguinte: "Ninguém me quer, ninguém gosta de mim e, por isso, tenho de usar todos os meios para sobreviver". É assim que estão sendo criadas as crianças de rua, que se originam de famílias da pobreza extrema, daqueles 1,4 bilhões de pobres que, segundo as Nações Unidas, vivem com menos de um dólar por dia. Elas são criadas para o mundo da selva, em que vence o mais forte.

Elas fazem tráfico de drogas, assaltam, e muitos países já passam por uma vida de extrema violência desordenada, como, por exemplo, o México, um entroncamento que recebe as drogas de todos os cartéis da América Latina. Seu povo pobre é extremamente violento por causa disso: a luta pelo dinheiro do tráfico, hoje, está assustando o mundo. Já em Bogotá, capital da Colômbia, as pessoas não podem sair desacompanhadas de noite, porque serão assaltadas fatalmente. Nas favelas brasileiras, há muita gente solidária e boa, mas também existem gangues que, chefiadas pelos traficantes, espalham medo e, muitas vezes, são mancomunadas com a polícia.

As populações vivem no meio do fogo cruzado e têm mensagens contraditórias. Uma de solidariedade vinda da família e das escolas, e outra vinda das ruas, do medo e da violência. Assim se formam os jovens delinquentes. Nas escolas públicas, inclusive, está começando a lei da selva, porque as crianças com famílias menos estruturadas e com a mentalidade do ter a qualquer custo também têm de aprender a ler. Se essas crianças fossem colocadas em um colégio particular, mesmo que barato, elas nunca seriam roubadas das coisinhas que para lá levam todos os dias. Nos colégios ricos também já começa o roubo de aparelhos eletrônicos, que por acaso os coleguinhas levam, tais como iPod, celulares com câmera e outros.

A violência está espalhando-se no mundo inteiro de maneira desordenada, à medida que a população vai crescendo e os alimentos vão ficando mais caros. E essa violência só tende a aumentar. As vagas para emprego estão diminuindo por causa do progresso tecnológico, que substitui seres humanos por robôs, ou, então, que já fazem muitas tarefas que há dez anos eram feitas por pessoas, como, por exemplo, a compra de passagens aéreas até a marcação de assento no computador, que elimina tudo o que fazíamos antes. E isso torna a vida de quem sabe lidar com computador muito mais fácil. As compras feitas por computador, que eliminam, em última análise, até *shoppings*, pois não precisamos mais ir à loja escolher os produtos.

Por outro lado, a necessidade de empregos está cada vez maior. De cinco anos para cá, o primeiro emprego é dificílimo de ser conseguido, porque todos pedem experiência e o recém-saído da escola ou da faculdade não tem essa experiência. Dessa maneira, na sociedade tecnológica, diminui muito as vagas formais e aumenta muito a procura por colocações profissionais, à medida que a tecnologia vai avançando. Estamos sendo levados a um mundo cada vez mais cruel. Enquanto não criarmos formas solidárias para os desempregados terem trabalho, tais quais as moedas sociais de que estamos falando a tanto tempo aqui. E daí vem a pergunta mais importante deste livro: Como educar para um mundo altruísta?

Educando para o futuro

Em um mundo cercado de violência, que aumenta descontroladamente, é preciso que a criança nasça em um ambiente altruísta. É necessário que a mensagem que lhe seja enviada, inconscientemente, seja "minhas coisas são para serem divididas com todos. O mundo pertence a todos nós, principalmente aos pobres".

Ela deve ter em seu entorno atividades que mostrem como os pobres já estão assumindo seu papel de sujeitos da História, apesar de toda violência. Isso pode vir de comunidades que já vivem uma vida solidária, como algumas comunidades evangélicas ou de outras religiões, principalmente a católica, que fez sua opção preferencial pelos pobres, e que já começam a fazer atividades solidárias em seu cotidiano. Enquanto a violência aumenta, aumenta também, exponencialmente, o número de comunidades solidárias, principalmente no mundo dos pobres. São as pessoas que trabalham comunitariamente, como muitas de que falamos neste livro e cujos filhos já nascem em um ambiente em que o altruísmo, e não o egoísmo, é a atividade social.

Contudo, não podemos esconder que o caminho que o mundo vem tomando, com a ascensão da China no sentido convencional do termo, possa vir a ser um beco sem saída. Eles, os chineses, já invadiram toda a África, distribuindo dinheiro a todos os governos para ganharem licitações e, com isso, alastrando-se pela cultura e pelas sociedades tradicionais daquele continente. Estão desindustrializando o mundo inteiro. Quase não se acha mais produtos que não sejam *made in China*. E o pior é que a China não tem nenhum verniz de ética, como têm os países ditos "cristãos". Ela explora trabalho escravo, seus operários não têm seguridade social nem aposentadoria, e isso tende a avançar pelo mundo. A China não vacila em impor seus produtos a qualquer preço e daí por diante. Ela já é o segundo país do mundo e o maior poluidor. Os povos asiáticos não têm preocupação alguma com o desenvolvimento sustentável, que é a única possibilidade de salvarmos o mundo, onde a luta Economia x Ecologia pode ser substituída por uma aliança de ambas, criando uma economia sustentável. Cremos que esse modelo pode sair da América Latina. E isso, se houver tempo.

O altruísmo vem junto com a luta ecológica, que não está desenvolvendo-se suficientemente, graças aos países ricos do Ocidente que não querem perder seus privilégios. Temos muito ressentimento pelo governo George W. Bush, que atrasou em oito anos um possível desenvolvimento sustentável internacional. Ele taxava impostos aos ricos e tirava dinheiro dos contribuintes para vencer a crise bancária, gerando uma economia mundial tremendamente desequilibrada. Os grandes exemplos de uma sociedade altruísta estão vindo da América Latina, onde as elites convencionais, pouco a pouco, estão sendo substituídas por governantes oriundos das classes pobres. E isto está acontecendo praticamente apenas em nosso continente, o que nos mostra que, se quisermos, poderemos dar um exemplo do que pode vir a ser a economia sustentável do futuro. A única que pode salvar o mundo.

Os tópicos seguintes são sugestões para reuniões e discussões em grupo daqueles que já estão querendo viver um mundo solidário, sejam as comunidades pobres, sejam as de classe média, religiosas ou não. Principalmente aquelas que saíram da Teologia da Libertação, que hoje está sendo combatida pela Igreja oficial. Cremos que o grande exemplo de solidariedade que foi Jesus voltaria a ser crucificado no mundo moderno, embora suas palavras ecoem profundamente nos corações humanos até hoje.

Alguns temas para serem debatidos nas reuniões comunitárias

Abordaremos aqui alguns temas que podem ser discutidos por um grupo em conjunto, para depois ser dividido em equipes, para trabalhar os temas por um método que foi muito revolucionário nos anos de 1950/1960 e desencadeou os golpes militares na América Latina. Trata-se do *Ver, Julgar* e *Agir.*

Primeiro, os grupos devem discutir quais temas serão aprofundados. Segundo, como esses temas poderão contribuir para mudar a realidade atual. E o terceiro, que é o mais importante, os grupos precisam criar práticas para fazer isso em suas vidas cotidianas.

Somente com a prática contínua dessa conscientização é que podemos formar um ambiente altruísta, para que as crianças sejam educadas para a solidariedade. Isto é, para aprenderem que é responsabilidade de todos, principalmente dos pobres, a transformação deste mundo de violência extrema em um mundo ganha-ganha.

Como podemos criar a solidariedade?

Em primeiro lugar, temos de fazer o reconhecimento da localidade em que o grupo vive, seja bairro, seja município, para ver como é vivida a injustiça, isto é, quais são os gargalos que fazem o dinheiro ficar somente nas mãos dos ricos. Como anda a saúde, a educação, o comércio, as moradias nas localidades. E como o que veremos deixará muito a desejar, sentiremos a necessidade de começar a mudar isso. Esse tema não deve ser feito numa reunião apenas, pois ele é muito vasto. Deve ser discutido aos poucos, tomando-se em cada reunião um tema conexo. Por exemplo, em um se veria como vão os hospitais e o cuidado à saúde; em outro, a educação, passando pela alfabetização (quantos são os analfabetos, quantos professores se podem contar), se possível fazer reuniões com os professores. Outro ainda, o estado da moradia e como se pode resolver (até com invasões como foi no Conjunto Palmeiras; leia-se capítulo X). E outros assuntos dos diversos problemas encontrados pela comunidade, como água, saneamento, chuvas, inundações ou secas, propriedades rurais ou familiares, se a comunidade é mais próxima do meio rural etc. Essa criatividade deve vir do próprio grupo.

Depois de tantas reuniões, quantas sejam necessárias, para que a comunidade faça um mapa completo das necessidades de seu entorno (às vezes isso pode durar até um ano), aí então ela pode começar a estudar o caminho para onde vai. A cada tema, no mínimo duas reuniões: uma reunião completa sobre o entorno e outra sobre os caminhos que ela deve seguir, desde a sensibilização de todas as comunidades, das prefeituras, depois dos Estados e, enfim, do Governo Federal. Aí sim haverá uma economia sustentável, uma família sustentável, que permitam a formação de organizações e obtenção de recursos para transformações que a comunidade quer fazer, e, até mesmo, a formação de um banco comunitário e como dirigi-lo. É importantíssimo saber como formar redes de trocas solidárias e o resto dos problemas que estudaremos aqui.

Neste livro estamos tratando apenas dessa parte que é tão importante para o empoderamento dos pobres, que é o ter uma noção concreta de qual o caminho que vai ser tomado. Porque não basta o conhecimento das necessidades, nem os bancos que a comunidade precisa, mas sim saber para onde ela vai. Esse empoderamento somente virá quando houver um número de organizações suficientes que possam ligar-se para, pouco a pouco, irem vivenciando sua condição de sujeitos essenciais da História. E mostrando sua força para mudar até a natureza do Estado, de hegemônico, isto é, que funciona de cima para baixo, em um Estado renascido das necessidades das próprias comunidades. E que venha de baixo para cima e de dentro das pessoas para fora.

XXV

A REDE DE TROCAS SOLIDÁRIAS

Essas sugestões todas, que fizemos no capítulo anterior, de mudança concreta da forma de fazer trocas, têm de ser acompanhadas pelas pessoas, isto é, elas dependem de que forma vamos reinventar o mercado, uma vez que já vimos nos primeiros capítulos deste livro que o desejo de dinheiro a qualquer custo (a avareza) é a raiz de todos os males, começando pela competição. A competitividade só se aloja quando se instala o dinheiro que gera juro e lucro excedente, isto é, um lucro que excede o necessário para as demandas dos produtores por matérias trocadas. A civilização ocidental que agora se espalha pelo Oriente foi feita inteiramente com base nos lucros maximizados, com os quais os ricos adquiriam cada vez mais propriedades, indústrias e firmas, tornando-se hoje comuns os conglomerados e as fusões que, mais ainda, aumentam a riqueza a ponto de, na maioria dos casos, formarem-se monopólios e oligopólios, que controlam os preços em detrimento da grande maioria.

Já vimos também que essa é a fonte das desigualdades. O capitalismo não cresce sem desigualdades, porque pelos contingentes pobres a que Marx chamava de "exército de reserva do proletariado" é que ele pode manter sempre baixo os salários. Se os salários sobem, o país ou a firma perdem a "competitividade", pois seus produtos terão de ser vendidos mais caros. Então, dentro do sistema capitalista, não podemos encontrar soluções aptas para diminuir as desigualdades. Já falamos aqui das moedas complementares implementadas por bancos comunitários, advindos da iniciativa da própria comunidade e também do microcrédito, que torna o pobre capaz de crescer e de comprar os materiais de que precisa para ser dono do próprio trabalho.

Outra forma mais primitiva do que expomos aqui é a Feira de Trocas, que nos possibilita começar de fato a aprender a maneira de lidar com as moedas complementares. São elas que começam realmente a reinventar o mercado, levando em uma segunda fase aos bancos comunitários, que já serão mais complexos. É o microcrédito que permite às pessoas começarem a se inserir no sistema financeiro oficial ou a desenvolverem sistemas solidários de crédito e poupança. Temos assim três fases: uma mais simples, com as feiras de trocas; uma mais completa, com os bancos comunitários; e a terceira, os bancos de microcrédito, feitos dentro do sistema bancário comercial, porém sem suas leis de avareza, como aludimos.

O que são as feiras de trocas?

A partir desse ponto, as observações deste capítulo estão baseadas na experiência de Heloísa Primavera, socióloga brasileira que mora na Argentina e que teve competência de salvar o povo pobre argentino de cinco milhões de pessoas, quando aquele país quebrou, através da mais bem-sucedida feira de trocas, talvez do mundo inteiro. Esta experiência foi contada em sua cartilha *Rede Latinoamericana de Socioeconomia Solidaria*.

Já há milhares de feiras de trocas por toda a América Latina e pela grande maioria dos países do mundo. São grupos que – formados pelo que se habituou a chamar de *prosumidores* – essa palavra é uma junção das palavras produtor e consumo –, se reúnem para fazer as trocas e que produzem produtos de que são capazes e vão permutá-los com outras pessoas que produzem outros produtos que aqueles precisam. Essas feiras não devem ser cotidianas no começo, mas sim semanais, e para funcionarem cada uma terá de ter sua moeda complementar específica, válida apenas para cada uma delas. Já falamos da feira de trocas da Argentina, que acabou aumentando muito na época em que aquele país faliu; foi a salvação para a vida de cerca de *cinco milhões* de pessoas.

Começando. Um grupo de duas ou três pessoas que queira fazer uma feira de trocas se reúne primeiro. Chamaremos a esse grupo de "grupo impulsor". Os participantes vão convidando os amigos para fazer parte dessa feira, entre 20 e 30 pessoas que queiram fazer as trocas. Esse primeiro passo já é muito revolucionário, porque se faz apenas trocas, e não compra e venda, o que abole os juros e os lucros. Essa é a forma mais simples de começar a reinventar o mercado. Vamos chamar esse passo de número 1. O passo número 2 é que tanto quem compra quanto quem vende produz e consome, trocando seus produtos pelos de outros *prosumidores.* O número três é uma ideia também revolucionária. É que o grupo impulsor não deverá ter autoridade sobre o grupo todo; ele está ali para impulsionar somente as primeiras fases da troca. Ele também deverá ser rotativo, evitando com isso o jogo de poder entre os participantes. Ele permanecerá apenas como centro de lideranças, enquanto os outros ainda não puderem exercer essa mesma liderança. Assim que todos se acostumarem a exercer a liderança, o grupo pode promover um processo rotativo dentro de um tempo combinado entre todos, seja seis meses, um ano ou o tempo que for necessário.

É assim que saímos definitivamente do jogo de poder entre as pessoas: "não há mais eu sou o líder" ou "eu tenho mais habilidade do que os outros" etc. Essa atitude vai desenvolvendo uma qualidade, que é a generosidade, o oposto total da avareza. O lucro é de todos (consumidores e produtores), e não de um grupo que se instala no poder. As feiras de troca são o primeiro passo para formarmos mais tarde os bancos comunitários. Todos exercerão a liderança, mesmo que sejam tímidos ou acomodados, e a generosidade vem de que eles não estão trabalhando apenas para si, mas para toda a comunidade.

É o grupo todo que determina o preço dos produtos a serem trocados de acordo com valores estipulados em comum, fazendo-se uma lista daquilo que é necessário e evitando-se ter demasiados produtos de um tipo somente, como artesanato, por exemplo, e poucos de outro, como comida ou serviços. Vamos continuar dando exemplos para que o(a) leitor(a) entenda. Uma dona de casa que saiba cozinhar pode fazer doces ou comida salgada e trocá-los na feira, caso precise de agasalho, trocá-los por um suéter tricotado à mão por outra dona de casa, que precisa da comida. Assim, outra que saiba costurar pode trocar suas costuras por horas de serviço de uma pessoa que lhe dê, por exemplo, aulas de inglês ou exerça serviços médicos.

Outra forma muito interessante de trocar serviços é o banco de horas: "eu tenho duas horas vagas por dia, ou por semana, que posso trocar por serviços para outra pessoa que precise deles, como uma mãe de crianças pequenas, ou um idoso, ou um doente". Essa pessoa recebe certo número de moedas complementares que lhe permita pagar outra pessoa que também precise de alguma habilidade que ela tenha.

Esse "banco de horas" é muito interessante. Nos Estados Unidos há até um banco – e um banco grande –, baseado apenas em troca de horas. Se o(a) leitor(a) tem certo número de créditos em Ithaca Hours, por exemplo, vai ao banco e os troca por serviços que possa receber. Às vezes não se conhece a pessoa, mas pode procurar bem e encontrar pessoas honestas que tenham tempo disponível e precisem desses créditos para pagar outra pessoa, e assim por diante, como é o caso de tratamento de idosos, doentes, crianças etc. Ithaca é uma cidade ao norte dos Estados Unidos, onde essa experiência de troca de horas deu muito certo e continua há muitos anos.

Pode haver serviços que sejam mais caros, como tratamento médico ou dentário, ou mesmo a reforma de uma casa, que a pessoa não pode pagar de uma vez só. Normalmente esses serviços mais caros, com preços estipulados pelos grupos, não podem ser pagos com moeda de um dia somente, mas têm de ter a confiança de serem pagos semanalmente, à medida que a pessoa traga produtos para vender e lhe dê os créditos semanais que ela pode. O mesmo com aulas de inglês ou computação, ou alfabetização etc. A feira de trocas é de bens e serviços, de modo que possa servir a todos. Não é preciso que as contas "fechem" no primeiro dia, mas os que vão vender seus serviços ficam com aqueles créditos para receber por semana.

Na época do Curralito, na Argentina, uma vidente não poderia vender suas horas de leitura de tarô, sem as quais não comeria, caso não houvesse pessoas que vendessem comida pronta ou *in natura*, ou ainda produzida por suas galinhas, por sua horta etc. Essas trocas podem ser feitas apenas por pessoas muito pobres ou desempregadas que precisem de bens de todos os tipos. Somente nesse exemplo vimos como passar de maneira muito pequena do sistema de competitividade para o sistema de altruísmo. Inclusive, muitas vezes o grupo tem de baixar o preço de alguns produtos, sem prejudicar o produtor, como serviços médicos ou dentários, e aumentar o preço de outros produtos, como preço de comida, que não são muito valorizados pelo sistema competitivo dominante, como consertar um banheiro, fazer salgadinhos etc.; tudo em consenso. Não se trata de ganhar dinheiro, mas de aprender a ter uma vida comunitária, pois nessas feiras não há lucro, e sim troca de produtos e serviços.

Já vimos, então, como pode ser superado o jogo de poder, a avareza e o amor excessivo pelo dinheiro. Sabemos de uma psicanalista alemã que vendeu tudo o que tinha para viver apenas de trocas e já faz isso há muitos anos, porque ela não tem a preocupação de guardar dinheiro para o futuro!

Declaração de Princípios –
Rede Global de Trocas Solidárias

– Nossa realização com seres humanos não necessita estar condicionada pelo dinheiro.
– Não buscamos promover artigos e serviços, mas sim ajudarmos mutuamente a alcançar um sentido de vida superior, mediante o trabalho, a compreensão e o intercâmbio justo.

– Sustentamos que é possível substituir a competência estéril, o lucro e a especulação pela reciprocidade entre as pessoas.

– Acreditamos que nossos atos, produtos e serviços podem responder a normas éticas e ecológicas antes que aos ditames do mercado, o consumismo e a busca de benefício em curto prazo.

– Os únicos requisitos para ser membro da Rede Global de Trocas são: assistir às reuniões de grupo, capacitar-se como produtor e consumidor de bens, serviços e saberes, nos moldes das recomendações dos Círculos de Qualidade e da autoajuda.

– Sustentamos que cada membro é o único responsável por seus atos, produtos e serviços.

– Consideramos que pertencer a um grupo não implica nenhum vínculo de dependência, pois a participação individual é livre e estendida a todos os grupos da Rede.

– Sustentamos que não é necessário que os grupos se organizem formalmente, de modo estável, pois o caráter de rede implica a rotação permanente de papéis e funções.

– Acreditamos que é possível combinar a autonomia dos grupos, na gestão de seus assuntos internos, com a vigência dos princípios fundamentais que dão pertinência à Rede.

– Consideramos recomendável que os integrantes não respaldem, não patrocinem ou apoiem financeiramente – como membros da rede – uma causa estranha a ela, para não se desviarem dos objetivos fundamentais que nos unem.

– Sustentamos que o melhor exemplo é nossa conduta no âmbito da Rede e em nossa vida fora dela. Guardamos confidência sobre os assuntos privados e prudência no tratamento público dos temas da Rede que afetem seu crescimento.

– Acreditamos profundamente em uma ideia de progresso como consequência de bem-estar sustentável do maior número de pessoas do conjunto das sociedades.

– Na economia solidária, nada se perde, nada se dá: tudo se recicla, tudo se valoriza, tudo se distribui por igual.

Como montar uma rede de trocas passo a passo

A experiência de formação de um clube de trocas varia conforme a realidade da área de atuação. As situações são diferentes em cada local, devido à cultura, ao grau de formação e às diferentes necessidades das pessoas envolvidas. Por isso, podemos dizer que nem tudo o que é utilizado em um local funciona no outro, sendo necessário verificar se a estratégia até então utilizada precisa ou não ser alterada. Procuramos adotar procedimentos específicos para cada local, para concretizarmos nossos objetivos:

– Reunir grupos de no mínimo cinco pessoas e no máximo cinquenta. A partir desse número, recomenda-se constituir outro grupo.

– Escolher coordenador, secretário e tesoureiro.

– Estabelecer um termo de compromisso por escrito dos participantes com a rede e o núcleo.

– Proposta, discussão e votação para escolher o nome do grupo, nome da moeda e equivalência. No caso de nosso Mutirão da Serra (Teresópolis, RJ), por exemplo, escolhemos a equivalência/lastro para nossa moeda social (Tupi) e a fração (Mirim), decidimos que o participante receberia uma quantia em T$Tupis, por meio de bilhetes, proporcional ao valor de produtos ou serviços que foi colocado no dia da Feira de Trocas.

– Cadastrar em formulário próprio, fazendo um catálogo das demandas e um cadastro de todos os participantes com nome e telefone e que apresentem verbalmente o que têm para oferecer e suas necessidades. Os participantes, nesse momento de exposição, já identificam aqueles produtos/serviços que lhe interessam, podendo levantar a mão para melhor se identificar.

– Reflexão do grupo, enfatizando, como uma alternativa ao mercado capitalista, como uma economia em nossas mãos, uma globalização solidária, fatos de empoderamento das pessoas, tirando dúvidas e esclarecimentos.

– Leitura da Carta de Princípios que cada grupo deverá elaborar.

– Feira.

– Confraternização – Encerramento.

XXVI

O "NÓ" DE REDE DE TROCAS

Já vimos como se faz uma Rede de Trocas e como ela pode funcionar. Na proporção em que forem aumentando as pessoas, poderão ser feitos outros grupos ou com a mesma moeda, ou com outra moeda específica. Mas para intercambiar é preciso que seja com única moeda. Assim, começaremos a fazer uma Rede de Trocas e, daqui em diante, cada Rede será uma unidade chamada de Nó e, à medida que o movimento cresça, vamos ter uma quantidade cada vez maior de "Nós" de trocas. O interessante é como a palavra "Nós" tem a ver com o entorno solidário que estamos criando. É esse entorno solidário que vai dar aos adultos uma "alfabetização econômica", que vai induzi-los a serem solidários na vida cotidiana. As crianças que puderem nascer nesse ambiente solidário, ao contrário das crianças que nascem em um ambiente competitivo, vão ser capazes de entender que primeiramente é um "nós" antes do "eu" que vai funcionar.

Isso é muito interessante, porque em toda a Pré-História, em que não havia dinheiro e havia apenas pequenos grupos, existia a palavra "nós", porque era o consenso do grupo que determinava as atitudes que esse iria tomar em conjunto, e não a briga de tendências, e sempre vencendo a mais forte. No capítulo anterior, vimos algumas das qualidades que se desenvolvem nas pessoas adultas e nas crianças, quando tem um ambiente solidário. Mais interessante ainda é que, sem esse ambiente solidário e sem o dinheiro solidário, não poderemos levar a Era da Informação, que é moderníssima, a seu cabo, mas, sim, se usarmos os meios competitivos do mundo agrário e do mundo industrial, acabaremos por destruir o mundo. Aí, aparece um pensamento dialético que tem três termos. Uma tese solidária que foi subjugada por uma antítese competitiva e que, agora, se não voltarmos a essa solidariedade, seja em termos de governo mundial, em termos políticos, seja de uma economia com uma moeda universal, somente para trocas e moedas locais que desenvolverão a economia solidária. Essa atitude fará com que os mais pobres se tornem, como na Pré-História, conscientes de sua posição como membros ativos do grupo e, portanto, de sujeitos da História.

Isso quer dizer que esse movimento de solidariedade será o único capaz de salvar a espécie humana, porque aprenderemos o contraconsumo, a contra-ambição (generosidade), ao vermos, em primeiro lugar, o interesse de todos e não nosso interesse, que leva ao individualismo e a todas essas terríveis consequências que estamos vivendo. É interessante saber também que os grupos primitivos, que existem até hoje, não conhecem a palavra "eu", mas conhecem a palavra "nós". A palavra "eu" foi inventada na época em que se desenvolveu o dinheiro oficial e, com esse, o individualismo, que veio a ser a raiz da desigualdade e de tudo o que falamos até agora.

O mais interessante de tudo é que hoje chegamos, em termos internacionais, a uma "guerra cambial" inevitável, porque cada povo quer reduzir cada vez mais o valor de sua moeda, a exemplo da China, que não tem câmbio flutuante e está sempre ligada ao Dólar e foi o país que mais cresceu nesses anos, depois da grande crise, que ainda não acabou, mas vai continuar por causa do individualismo das pessoas. No câmbio flutuante, todas as nações querem competir com todas as nações. Todos devem a todos e está aproximando-se um caos financeiro, como previu Nouriel Roubini, que não será possível "desenrolar" nesses próximos anos, sem um novo sistema financeiro mundial, controlado pelo colegiado de todos os países juntos. Estamos cada vez mais próximos do abismo que começou a se desencadear em 2007/2008, uma crise que está muito longe de acabar, porque gerou uma época de "salve-se quem puder", segundo o Ministro da Fazenda de Lula, Guido Mantega.

Está se iniciando, definitivamente, uma guerra muito violenta, em que todos perderão por excesso de individualismo e que não poderá ser ganha nem pelos Estados Unidos com sua moeda, que é a "moeda universal", porque essa serve primeiramente a seus interesses, ignorando o restante do mundo. Por exemplo, a dívida americana é a maior dívida do mundo e os países europeus estão fazendo um "ajuste" financeiro pela modificação de suas Previdências Sociais.

Aqui uma gravíssima e terrível notícia: a globalização está mostrando sua verdadeira cara. Depois de trinta anos, ela não pode ser mais vista como um jogo ganha-ganha, mas como uma tremenda guerra perde-perde, porque todos irão às últimas consequências para defenderem seus interesses próprios. Os países europeus, que em sua grande maioria são Estados de Bem-Estar Social, não poderão mais sê-los, porque a população envelhece rapidamente e não se recicla (pelo individualismo). Está havendo revoltas quase cotidianas em aproximadamente 15 dos 27 países da União Europeia. Não há saída. As novas gerações voltarão a ter de poupar como seus ancestrais medievais, porque o custo com os Estados de Bem-Estar Social está superando a receita pública, e todos esses Estados de Bem-Estar Social vêm apertando suas leis de Previdência Social. É a maneira mais fácil de se livrar das grandes dívidas que impedem o crescimento capitalista e competitivo. O que na atual densidade da população do mundo, com as regras econômicas competitivas no atual sistema monetário flutuante, inviabiliza de certa maneira a velhice das novas gerações.

É mais fácil mexer na Previdência Social que transformar o sistema competitivo em solidário, o que seria a única solução. Graças a Deus, o dinheiro social está espalhando-se pelo mundo, seja na forma de microcrédito, seja na forma de redes de troca, ou como bancos comunitários. Essas três formas de economia são anticompetitivas e apenas elas poderão abalar o sistema financeiro atual com o correr do tempo, obrigando os povos ou a se entenderem em termos econômicos, ou a fazerem um governo mundial, que realmente funcione, com uma moeda de troca universal que não seja de nenhum país especificamente, mas de todos, cada um conservando suas moedas nacionais e locais, a fim de que a desigualdade vá diminuindo cada vez mais.

Voltando às moedas sociais

As redes de trocas são o primeiro passo para o contraconsumo e para que todos produzam e consumam ao mesmo tempo. Assim, pode haver desemprego pela moeda oficial (como está havendo e crescendo), mas todos ainda terão trabalho e poderão viver de trocas de moedas fora do sistema oficial.

Sabemos que o sistema oficial sente muito medo das moedas locais, porque elas podem ser bem-sucedidas demais, como foi o referido caso da Argentina, em 2000/2001, que evitou a miséria de cinco milhões de pessoas. Mas a verdade é que as moedas sociais são apenas moedas complementares às moedas oficiais e, diferentemente do que os Bancos Centrais pensam, elas não ameaçam a moeda oficial, mas, sim, fazem com que uma grande maioria dos totalmente despossuídos possa ter acesso a ela, como está acontecendo no Brasil. Assim, em vez de ser nociva, ela transforma o sistema de dentro para fora e de baixo para cima, sem nenhum conflito. As moedas oficiais acabarão sendo dirigidas para negócios internacionais, impostos, grandes empreendimentos de tecnologia etc.

O único problema que falta ser resolvido é o do que seja uma economia sustentável, porque somente uma economia sustentável pode ser realmente vivida na Era da Informação.

Economia e Ecologia

Nos anos 1960/1970, a juventude tinha uma liderança política enorme no Brasil, que exasperou a ditadura militar a ponto de ela abaixar o AI-5, esmagando qualquer atividade política. No século XXI, a atenção da juventude está maciçamente voltada para os problemas ecológicos, e não é sem motivo. Está havendo uma luta gigantesca e silenciosa entre a Economia, como a conhecemos hoje, baseada no consumo, e a Ecologia, que prega uma mudança radical do tipo de consumo atual. Por causa do hiperconsumo dos países ricos, já estamos gastando 1½ Terras em matérias-primas, o que já é insustentável. Se o consumo dos povos ricos continuar no mesmo patamar – e lembrem-se de que a produção é a base do PIB –, no ano de 2031, estaremos consumindo três Terras, segundo entrevista de Lester Brown, exaustivamente citada neste livro.

Por isso, dissemos que precisaremos ao menos de três Terras para satisfazer o grau de consumo atual. E isso, obviamente, é impossível! Muito antes que tal aconteça, teremos destruído a espécie humana. Dessa maneira, a humanidade inteira já está começando a criar uma economia sustentável que não se oponha à Ecologia, mas que a aproveite; o que é possível.

O que a humanidade está fazendo?

Vejamos, agora, o que está começando a ser feito:

– **Lixo:** o que de mais simples pode ser tratado na televisão é incentivar as pessoas de baixa renda a reciclarem seu lixo, pois o mundo está morrendo asfixiado sob seu peso. O maior exemplo dessa necessidade é dado pelo próprio Universo. O número de partículas existentes no Universo inteiro hoje é o mesmo de quando houve o *Big Bang*, há quase quatorze bilhões de anos. Não temos nenhuma a mais, nenhuma a menos. Todas se reciclam. Ou são nebulosas, ou são estrelas que vivem e depois morrem e explodem, e seu lixo vai formar outras estrelas e galáxias mais novas e assim por diante.

O que fazemos com nosso lixo é inadmissível. Juntamos para coleta, nos lixões, metais pesados, como o chumbo e o cádmio dos celulares e computadores velhos, com comida estragada. O primeiro a se aprender é fazer a separação do lixo seco, do lixo orgânico em sacos diferentes para serem coletados por catadores que saibam o que fazer com eles. O lixo orgânico pode ser reciclado e virar adubo, e o lixo seco, inclusive os entulhos das construções, em vez de acabar nos aterros sanitários, o que é uma brutalidade, poderá ser todo reciclado. Mais abaixo vamos dar alguns exemplos. Quando lemos a entrevista de Lester Brown, fica impensável perceber o que se está fazendo hoje em termos de "mercado verde". Já é um movimento ponderável na maioria dos países.

– **Refugos Tecnológicos:** o refugo de metais pesados que vêm do descarte de tecnologias avançadas (pilhas, celulares velhos) já está sendo reciclado. A Hewlott Packard, uma das maiores companhias do mundo, já recicla 1,5 milhões de cartuchos de impressora descartados e está reciclando baterias e material pesado de celulares velhos que fazem mal ao organismo humano, se despejados em um lixão.[1]

– **Comprometimento da Camada de Ozônio:** o sistema de ar condicionado tradicional, que é o grande vilão da destruição da camada de ozônio da Terra, já está sendo substituído por materiais que gastam menos ¾ da energia, até en-

---

[1] *Valor Econômico* – 24/09/2010.

tão consumida. Os fabricantes vêm substituindo o gás R-22, considerado agressivo à camada de ozônio, pelo R-410ª, que contribui para aumentar a eficiência energética. O chamado gás ecológico está passando a ser o processo de refrigeração do ambiente.[2]

– **Água:** continuando com a mesma fonte, vemos que, com as tecnologias atuais, a redução do consumo energético no segmento de ferro e de aço pode chegar até a 30%, se usarmos os materiais adequados e não desperdiçarmos a energia como estamos fazendo hoje. A eletricidade apresenta mais de 40% de desperdício da maneira em que a usamos. A água potável é mais criminosamente usada, pois nos grandes centros ela é desperdiçada na lavagem de carros com mangueira, quando isso deveria ser feito com um balde e um pano. Já há quase dois bilhões de pessoas que não têm água nem para beber e os aquíferos subterrâneos estão sendo desperdiçados pela indústria. São eles o único capital de água potável de que o mundo dispõe para o futuro. Empresas que exploram celulose, aqui no Brasil, estão colocando imensos campos de eucaliptos (árvores que ressecam os solos), gastando trinta litros por árvore, exatamente sobre o aquífero Guarani, que é o maior do mundo. Inclusive indústrias de refrigerantes já esgotaram vários aquíferos menores na África e assim por diante.

– **Madeira:** a madeira exportada hoje é ainda em grande parte clandestina, mas já há muita madeira que é extraída de maneira sustentável, com certificados de

---

[2] Idem.

origem. Mas isso ainda não é suficiente, porque o desmatamento ainda é enorme. Precisamos encontrar outros elementos que possam substituir a madeira, e nossa maior esperança é a nanotecnologia, que faz tudo, desde roupas até mísseis com nanotubos de carbono que têm o tamanho de alguns átomos e são cinquenta vezes mais duros que o aço e seis vezes mais leves. Essa é a grande revolução de nosso tempo e nisso o Brasil ainda está muito atrasado. Esse assunto foi estudado exaustivamente em nosso livro *Os avanços tecnológicos e o futuro da humanidade*.[3]

– **As Embalagens:** os plásticos, feitos do petróleo, levam trezentos anos para se desintegrarem na natureza. Existe, no meio do Oceano Pacífico, uma ilha de lixo de plástico descartado do Leste e do Sudeste Asiático, e também do Oeste do continente americano, que já tem o tamanho do Brasil e dos Estados Unidos juntos. Por isso, temos de mudar muito rapidamente nossa concepção de embalagens. Alguns casos no Brasil: a Natura lança em outubro uma linha de sabonetes com embalagem em plástico produzido a partir de materiais renováveis – em vez da tradicional petroquímica –, diz Victor Fernandes, diretor de Ciência e Tecnologia, ideias e conceitos desse prisma. A embalagem em polietileno verde, produzida a partir de resíduo de cana-de-açúcar, foi desenvolvida pela Braskem. O produto será destinado ao Nordeste. Se houver disponibilidade, a Natura pretende levá-lo a todo o País até o fim de 2011.[4]

---

[3] MURARO, Rose Marie. *Op. cit.* Rio de Janeiro: Vozes, 2009.
[4] *Valor Econômico* – 24/09/2010.

– **Energias fósseis:** as energias fósseis já estão sendo substituídas, aos poucos, pela energia eólica, fotovoltaica (solar), geotérmica, e os veículos já estão em fase de serem movidos a energia elétrica. Essa energia foi descoberta há cerca de cem anos, pelo físico iugoslavo Nikola Tesla, e foi simplesmente escondida por causa dos interesses das indústrias petrolífera e carbonífera, os maiores vilões do aquecimento global, que hoje não pode ser mais ignorado por ninguém, devido aos fatos extremos que estão acontecendo. Furacões sete vezes mais numerosos do que no século XX, terremotos, tsunamis, erupções vulcânicas e secas, inclusive na Amazônia, que induzem o mundo inteiro a incêndios e tudo mais que vemos na televisão e nos jornais.

QUINTA PARTE

UMA CONCLUSÃO INESPERADA

UMA NOVA ECONOMIA SUSTENTÁVEL

A intenção deste livro é apenas facilitar a construção de um caminho social e econômico que ajude a empoderar a vida dos mais pobres. Contudo, quando acabei de lê-lo, vi que havia ido muito mais fundo que isso. Sem saber, eu estava ajudando a colocar os princípios de uma nova economia sustentável, e não somente de uma economia no sentido comum, mas de toda uma cultura sustentável, de relações humanas sustentáveis, de relações empresariais e com o Estado sustentáveis.

Isto é, sem querer, eu estava ajudando a colocar os fundamentos de uma nova cultura, que é a cultura da Era da Informação, e, a meu ver, conheço poucos que tenham feito isso dessa forma. Para entender o que está acontecendo, vamos dar uma visão resumidíssima dos períodos vividos pela Humanidade em sua História, que tratamos em todos os nossos livros. Começarei pela Pré-História, que é o primeiro grande período; a seguir virá o período agrário e a Revolução Industrial, o segundo período; e, finalmente, o último período que começamos a viver agora, a Era da Informação, a que chamo Era da Sustentabilidade.

Há dez anos, esses dados seriam impossíveis de serem colocados juntos, mas, hoje, isso é possível, porque já há grupos no mundo inteiro convergindo para as mesmas metas.

Poderemos chamar esta revolução não de Terceira Revolução Industrial, mas de Revolução da Sustentabilidade, a única que poderá salvar a espécie humana da destruição, porque, se continuarmos com este capitalismo economicista e insustentável ecológica e socialmente, estaremos não mais em um jogo ganha-perde como ele é, e sim no terrível jogo perde-perde, que será a destruição de nossa espécie, na qual todos perderemos. Vamos começar pela Pré-História.

– **Pré-História:** Foi o primeiro e mais longo período de vivência da espécie humana, em que os primatas se transformaram em hominídeos e, bem mais recentemente, em *homo sapiens sapiens*. Na Pré-História, após predominarem os hominídeos, os grupos humanos eram pequenos, não se podia matar ninguém, sob pena de ameaçar a vida do grupo inteiro. Então, o interesse deles era aumentar os grupos cada vez mais. Não havia guerras, os grupos eram pacíficos e integrados e usavam apenas a palavra "nós", mostrando a predominância da comunidade sobre o indivíduo. A palavra "eu" só começa com o individualismo dos períodos agrário e industrial.

Economicamente, os grupos viviam de escambo, isto é, de trocas de mercadorias entre si, que mais tarde começou a ser mediado por uma espécie de "dinheiro", que podia ser conchas, gravetos, pedras, sal, gado, até chegar às moedas de ouro e prata do período agrário. Na Pré-História os grupos viviam em uma sociedade de colaboração e solidariedade em que tudo pertencia a todos e era dividido igualmente. Não havia desigualdade social nem econômica. Era uma economia ganha-ganha.

Quando começou o período de caça há quinhentos mil anos, iniciaram-se as lutas por território – os primórdios das guerras –, e o domínio do mais forte sobre o mais fraco se instalou. Já estava incipiente a economia ganha-perde e competitiva.

– **Período Agrário:** O período agrário constituiu-se de uma sociedade escravista, em que os senhores da terra possuíam todo o dinheiro que gerava juros, o que, por sua vez, exigia a maximização dos lucros. Com isso, a partir do século XV, tinham enormes reservas fracionais, de que tanto falamos neste livro (capítulos II, III, IV). O soberano era dono de todas as terras (aldeias, cidades, Cidades-Estado e, por fim, os Grandes Impérios) e os escravos não tinham direito nem de possuir seus corpos. O dinheiro era extremamente concentrado e se constituía em moedas de ouro e prata, que eram trocadas por mercadorias, valendo a Lei da Oferta e da Procura, que é, simplesmente, a lei dos mais fortes.

Os reis e imperadores, desde a formação dos Grandes Impérios, tiveram poder absoluto durante mais de 3.500 anos. Não tinham de dar contas a ninguém pelas guerras que faziam, na maioria santificadas, porque os que nelas morriam eram considerados heróis. E os que se recusassem, desertores e, portanto, condenados. O Estado, assim, era uma monarquia absoluta, em que o rei sozinho tinha o poder. Somente após os romanos veio a existir um pseudossenado composto, apenas, pelos grandes senhores da terra dentro do Império. As guerras eram rotinas diárias. Na grande maioria desses regimes, a mulher, o homem sem terra e, principalmente, os escravos não tinham direitos sobre as decisões da comunidade. Em Roma, o *pater familias* tinha direito absoluto de vida e morte sobre suas mulheres e filhos. Assim se criou a sociedade competitiva em seu sentido mais intenso.

O período agrário foi, sim, o tempo mais agudo do Patriarcado, porque o poder servia aos reis mais cruéis da História, que eram endeusados. A energia que movia o mundo era a dos braços dos escravos e das patas dos animais.

– **Período Industrial:** Em 1751, James Watt (1736-1819) criou o primeiro aparelho movido a vapor, permitindo assim que os sem-terra (pobres cuja terra era "grilada" pelos mais ricos) viessem a formar cidades ao redor das primeiras fábricas. No fim do século XVIII, a Revolução Francesa e a independência dos Estados Unidos nada mais foram que o início da Primeira Revolução Industrial propriamente dita. O poder passou das mãos dos senhores da terra (reis) para a mão dos senhores do capital. E o mundo agrário, embora continuando a ser a base da vida dos povos, era considerado menos importante que o mundo urbano-industrial.

Nesse período já existiam repúblicas com parlamentos para decidir os destinos do Estado que servia aos Senhores do Dinheiro, e não aos operários. Essas continuavam quase tão pobres como os escravos. A escravidão foi desaparecendo e sendo substituída pelo operariado, pois era mais barato dar alguns níqueis pelo trabalho que dar comida a um escravo. Algumas nações foram desenvolvendo-se e o sistema continuou guerreiro e centrado no Capital-Dinheiro, que então já tinha leis mais complexas. Daí chamarmos esse período de *período capitalista.*

Na segunda metade do século XIX, as mulheres e os operários juntaram-se e foram, aos poucos, procurando sua libertação e seus direitos. Depois da Segunda Guerra Mundial (1939-1945), esses direitos humanos tiveram de ser concedidos, porque os(as) operários(as) formavam uma força coesa (sindicatos) e essencial para a sobrevivência das nações. Mas sempre a mulher continuava inferior ao homem, uma situação que perdurou até os anos 1960, quando começaram suas lutas de libertação, já influenciadas pelos meios de comunicação social (mídia) e pela tecnologia, que fez a Segunda Revolução Industrial a partir da Primeira e que era caracterizada pelo uso da eletrônica (computadores). A Primeira Revolução Industrial era, em suas primeiras fases, movida a carvão e, no fim do século XIX, começou a ser movida pelo petróleo.

Na Segunda Revolução Industrial, regida basicamente pelo petróleo, começou uma explosão tecnológica, vinda aos poucos, que se tornou exponencial. A invenção do computador foi acelerando muito rapidamente a História. Cinquenta anos depois de ser inventado, ainda o modo de produção era capitalista. No primeiro grande período, a Pré-História, a economia era ganha-ganha; no segundo grande período, agrário/industrial, ela se torna ganha-perde, como vimos.

– **A Era da Informação**, que é o terceiro grande período de progresso da humanidade, porém agora ainda incipiente, irá formar a nova e grande revolução. Ela explode todos os paradigmas e deveria ser em si uma era ganha-ganha. Mas ainda é regida pelo sistema capitalista ganha-perde. Apenas agora no século XXI, vemos como os métodos capitalistas competitivos, em vez de tornar essa revolução plena, estão prejudicando-a enormemente. E aí vamos ver o que estudamos neste nosso livro.

A informação que vem pela mídia e pelos computadores, cada vez mais intensamente, principalmente pelos videogames, não é um produto material que possa ser trocado pelo dinheiro, tais como comida ou roupas. É um bem intangível, que é regido por leis completamente diferentes das leis de compra e venda dos produtos do período agrário e do período industrial. Isso porque a informação quanto mais circula, mais cresce. Não podemos guardar a informação somente para nós, ela tem de circular fatalmente, tanto na Internet, quanto nas televisões, cinemas etc. Ela é como o fogo. Para o fogo viver, como sabemos, ele tem de ser alimentado, caso contrário se apaga. E quanto mais ele se comunica, mais ele cresce. Por isso, a informação, para fluir, precisa passar por pessoas de mentalidade não competitiva (egoísta), mas sim altruísta (solidária), cooperativa.

É muito interessante vermos como uma cabeça competitiva leva à acumulação de bens. É o projeto ganha-perde. Já a informação, tal qual na Pré-História, é essencialmente de uma cultura ganha-ganha, mas em patamar infinitamente superior, pois quanto mais for difundida a informação, mais ganhamos. Se o outro ganha, nós também ganhamos; o que é exatamente oposto ao caso dos períodos agrário e industrial. Fica patente, quando vemos a economia, que ela ainda é uma economia acumulativa e competitiva e que no momento rege a informação. É isso que está levando-nos ao consumo desenfreado e à consequente destruição da natureza: o terrível sistema perde-perde. Um sistema perde-perde não pode coexistir com uma cultura inteira ganha-ganha, ela tem de ter novas formas de viver que permitam sua caminhada.

É muito grave o que está acontecendo hoje. Para que a espécie humana continue vivendo, é preciso que seja abolida a desigualdade que vem das leis do Capital/Dinheiro, dos juros, das reservas fracionais, da dívida bancária etc. Por isso, falamos em dinheiro solidário, que foi feito para abolir a desigualdade em um estado solidário regulado, não pelos ricos, mas sim pelas populações organizadas em uma economia solidária, dirigida aos pobres. E não pode ser guardado nem acumulado; tem de girar sempre. Quanto mais gira, mais traz emprego e evolução.

Em longo prazo, isso tende a mudar a natureza do Estado e da economia, abolindo as leis duríssimas do Capital/Dinheiro. As populações pobres organizadas vão, pouco a pouco, tomando seu lugar de sujeitos da História. E, como tal, exigindo, por exemplo, que os políticos não roubem (corrupção). Veja, o(a) leitor(a), no caso do Brasil, o Ficha Limpa, que começa a colocar nos primeiros escalões pessoas honestas e que servem ao Estado em vez de se servirem dele, como fazem os ricos. Com o crescer dessa organização, os pobres irão educando-se mutuamente para o altruísmo e impedindo a destruição dos recursos naturais, e exigindo, sim, sua reutilização e reciclagem.

Tudo isso foi objeto deste nosso livro. Inclusive substituir o PIB (Produto Interno Bruto), que é uma medida economicista, por uma medida mais ampla, que leve em conta as riquezas naturais e o estado de desenvolvimento humano das populações, para que possamos fazer um índice que realmente abranja toda a realidade humana. Outro exemplo muito importante, um presidente que emergiu do povo, como o presidente Lula, começou a fazer políticas especificamente dedicadas a classes pobres, como o Fome Zero e o Luz para Todos, e acabou elegendo como sua sucessora uma mulher com a mesma sensibilidade para a pobreza que ele.

Mas isso é ainda muito pouco. É preciso que os parlamentos tenham outra postura e que sejam realmente representativos das classes populares, e não mais quase somente dos ricos, como é hoje, o que está impedindo que o parlamento seja digno da missão que lhe compete. Tal qual no Império Grego, em que a democracia era feita apenas por aqueles que possuíam a terra. Se conseguirmos organizar as populações a partir da fome (com as moedas sociais, o microcrédito e as redes de trocas) e houver por parte do governo, que ainda é capitalista, uma resposta às necessidades humanas, esse processo se dará muito mais rapidamente que se os pobres tiverem de passar dezenas de anos tentando eleger políticos que os representem.

Com a "esmolinha" que Lula deu aos pobres (Bolsa Família; Luz para Todos; Minha Casa, Minha Vida etc.), aumentou a capacidade industrial do País e tornou esses mesmos pobres o motor do desenvolvimento acelerado pelo que o Brasil passa hoje. Já o dinheiro que Lula deu aos bancos e aos ricos foi parar nos paraísos fiscais, para virarem capital especulativo. Se os pobres entenderem isso, o sistema bancário terá de ser totalmente reformulado, bem como o sistema político que está atrapalhando o crescimento de nosso País e do mundo, porque o Capital/Dinheiro foi feito pelos ricos e somente para os ricos; e os pobres são excluídos.

Por ser um presidente inclusivo e não excludente, Lula, como já dissemos, foi considerado em 2009 pelo Fórum Econômico de Davos, formado pelos maiores empresários do mundo e pelos presidentes dos países mais ricos, o estadista do século XXI. A "esmolinha" tirou trinta milhões de pessoas da pobreza extrema, mas ainda existem vinte milhões na miséria. O mais interessante de tudo é que as populações dos outros países estão, também, tentando eleger presidentes das camadas populares, como na Bolívia (Evo Morales, indígena), no Equador (Rafael Correa, progressista), no Paraguai (Fernando Lugo, um bispo malvisto voltado apenas para os pobres), no Uruguai (Pepe Mujica, ex-guerrilheiro tupamaro), o que está dando uma incipiente impressão de que da América do Sul sairá o novo modelo de desenvolvimento da Era da Informação. Será um socialismo conseguido de baixo para cima, de dentro para fora, do local para o nacional, e daí para o internacional, com um impulso de governo de cima para baixo, cada um realimentando o outro.

Nos sistemas da Era da Informação, não há mais lugar para a hegemonia (o domínio dos mais fortes), como, por exemplo, dos Estados Unidos, que levam a crises cíclicas terríveis. Por exemplo, em 2010, o G20 reuniu-se para tentar reformular o sistema monetário mundial e, ainda não conseguindo efetivamente, as medidas que tomaram foram paliativas, não detendo a marcha do mundo para o abismo. A crise de 2008/2009 está provando isso. Os países da União Europeia encontram-se totalmente endividados e não têm como pagar suas dívidas, e o mesmo acontece com os Estados Unidos. O desemprego cresce às vezes de maneira galopante. No sistema solidário não há desemprego, todos têm trabalho e comida.

Agora estamos vendo como a forma da energia que está por baixo de um sistema econômico – força dos escravos, tecnologias fósseis – leva o mundo à destruição. A energia elétrica, que se difunde apenas se circular e que é a base da Era da Informação, pode levar-nos a formas mais perfeitas de energia, como a energia solar, a eólica e poucas outras, as únicas energias que são realmente limpas e não danificam a natureza.

Temos de falar também dos países da Escandinávia (Suécia, Dinamarca, Finlândia e Noruega) que são países ricos. Mas seus impostos altíssimos são usados para o bem-estar da população. Lá não há excluídos; todos comem, todos estudam e todos têm atendimento médico, moradia, condições básicas para que um país possa desenvolver-se de maneira humana. Nestes países as mulheres detêm quase a metade do poder, fazendo com que esses países sejam os menos corruptos do mundo, porque a ONU provou que, à medida que a mulher é empoderada, a corrupção vai diminuindo gradativamente.

Caso interessante: a China e os Estados Unidos, os dois maiores países que se associam contra o restante do mundo, mantendo baixo o valor relativo de suas moedas e, portanto, valorizando as outras – e, com isso, impedindo as importações que os tornariam menos pobres –, são responsáveis por uma guerra cambial muito destrutiva, um "salve-se quem puder".

Os Estados Unidos vão injetar mais dinheiro nos bancos (seiscentos bilhões de dólares), tirados dos cofres públicos, para estimular o crédito, o que por sua vez estimularia o sistema produtivo a crescer e a contratar mais gente, portanto gerando maior consumo. Mas isso não é verdade! Os bancos levam o crédito para os países emergentes e lá fazem aplicações especulativas. Cabe aos países emergentes controlar severamente esses capitais, como fez a Coreia do Sul, que, em cinquenta anos, teve seu PIB *per capita* aumentado de US$ 80,00 por ano a US$ 19 mil. "Não só controlou severamente os capitais, como aplicou ampla utilização de política industrial e seletiva; combinação de protecionismo com subsídios às exportações; duras regulamentações sobre investimentos estrangeiros diretos; ativa a utilização de empresas estatais, ainda que não particularmente ampla; frouxa proteção a patentes e outros direitos de propriedade intelectual; pesada regulamentação das atividades financeiras nacionais e internacionais em um país."[1] Tudo exatamente ao contrário do que queria o liberalismo econômico do Consenso de Washington e que os outros países capitalistas estão seguindo.

Muito já se está fazendo no mundo pelo empoderamento das populações, ações que eram impensáveis há cinco anos. Falta apenas os países ricos se convencerem de que somente com um consenso mundial se pode governar o mundo da Era da Informação.

O fim do Capital/Dinheiro: a moeda universal

Em seu livro *A Moeda Universal*,[2] o economista brasileiro Geraldo Ferreira de Araujo Filho sugere uma moeda universal como queriam John Maynard Keynes (1883-1946) e, mais tarde no século XX, Joseph Stiglitz (1943-), ambos ganhadores do Prêmio Nobel de Economia. Na cidadezinha de Bretton Woods, onde foram criados o FMI, o Banco Mundial e o Banco de Compensações Internacionais, Keynes sugeria o Bancor, uma moeda estrutural que fosse reservada apenas para as transações internacionais. Mas

---

[1] *Valor econômico* – Ha-Joon Chang – p. A13.
[2] ARAUJO FILHO, Geraldo Ferreira de. *A Moeda Universal*. Editora Ciência Moderna, 2010.

Larry White, representante dos Estados Unidos, insistiu em que essa moeda fosse o Dólar. E foi aí que tudo começou a desmoronar.

Desde que o Dólar foi aceito como moeda internacional, todos os países estão reféns dele. Os Estados Unidos imprimem dinheiro sem parar para resolver seus problemas, baixando assim sua moeda e aumentando o valor da moeda dos outros, impedindo-lhes o crescimento. Hoje esse país está vivendo uma crise atrás da outra. Dinheiro impresso do nada para socorrer os bancos, que levam esse dinheiro para os países emergentes, como já vimos, aumentando o valor de sua moeda e os impedindo de serem competitivos. Repetimos: é uma crise atrás da outra: quanto mais dinheiro, mais necessidade; quanto mais necessidade, mais dinheiro; ora, isso é insustentável.

A moeda proposta por Geraldo Ferreira de Araujo Filho foi chamada por ele propositalmente de *Criterium-Conceptum*, para mostrar que ela não tinha nenhum valor financeiro, mas, como na Pré-História, seria mediação de trocas internacionais sem comissão para moeda nenhuma (Dólar). Cada moeda teria um valor em *Criterium-Conceptum*, que fosse proporcional à média do conjunto dos valores econômicos e não econômicos usados para medi-las. Assim, uma moeda poderia ter o valor de 13% de um *Criterium*, outra 48%, assim até 100%. Por exemplo, em uma transação entre Brasil e Japão, a moeda sairia em Real e chegaria de graça ao Japão em Iene, por causa do *Criterium-Conceptum* e, caso contrário, o Iene se transformaria em Reais. Essa moeda seria baseada em um lastro impossível de ser questionado, que seria, como já vimos, um índice de mais de cinquenta itens, quase todos eles não econômicos, como índices de educação, saúde, desigualdade (índice de Gini), de todos os países do mundo e feito por uma estrutura internacional aceita por todos os países. Esse sistema seria parecido com o direito especial de saques do FMI (DES), que não tem valor de moeda de reserva, mas, sim, é uma intermediação de trocas internacionais. Mas o FMI serve o interesse dos países mais ricos.

O que esta moeda pode representar em longo prazo é o fim do Capital/Dinheiro, pois seria um sistema ganha-ganha, tal qual o da Pré-História, e o embrião de uma governança mundial que começaria com as moedas locais, que, como já vimos, podem transformar-se em nacionais e até na moeda internacional do interesse de todos. Para isso, essa instituição teria de ter como gerentes todos os países do mundo que estivessem dentro de um sistema econômico solidário. Esse é o modo de obtermos um sistema ganha-ganha que acabe com o Capital/Dinheiro que traz desigualdade, juros e reservas fracionais. Ele seria substituído por um dinheiro social que traria uma economia solidária em vez de uma economia capitalista. Uma economia ganha-ganha baseada não no consumo, mas no uso apenas de produtos não supérfluos, uma espécie de anticonsumo em que sempre viveu a humanidade e que não seria a base economicista da vida.

Hoje, muitos economistas já estão reunindo-se no mundo inteiro para encontrar as bases da erradicação dos paraísos fiscais e dos cassinos universais que são as bolsas de valores, a fim de conseguirmos a sobrevivência física da espécie, o que seria feito apenas com um sistema ganha-ganha, que tem toda a chance de "pegar". Já estamos fazendo reuniões, não mais do G7, mas sim do G20 e, mais tarde, será o G40. Está absolutamente claro para quase toda a humanidade a incompatibilidade entre os desejos dos países ricos e os dos países pobres, que são a imensa maioria de excluídos.

Ou acontece uma redefinição do sistema político-econômico do mundo, ou pereceremos em poucas décadas. Apenas espero que haja tempo para que isso aconteça, mas não sei... Agora ficou "redonda" a grande revolução humana, o novo grande paradigma pelo qual sonho desde minha juventude.

SOBRE A AUTORA

Rose Marie Muraro é escritora e editora. Escreveu mais de 35 livros, que venderam mais de dois milhões de exemplares (incluindo os menores), e editou 1.600 livros em toda a sua carreira. Foi durante 17 anos diretora editorial da Editora Vozes, juntamente com Leonardo Boff. No início dos anos 1970, nasceram nas mãos de ambos aqueles que vieram a ser os dois mais importantes movimentos sociais do século XX: O Movimento de Mulheres e a Teologia da Libertação, graças aos livros que publicaram. Por isso, foram afastados de seus cargos em dezembro de 1986.

A partir de 1990, foi diretora da única editora dedicada ao gênero na América Latina, a Editora Rosa dos Tempos, tendo como sócias Laura Civita, Ruth Escobar, Neuma Aguiar e a Editora Record. Isso durou até fins do ano 2000. Entre seus livros está sua autobiografia, *Memórias de uma mulher impossível* (RT, 1999), uma das três únicas autobiografias de mulheres da História do Brasil.

A sociedade civil aceitou seu trabalho controverso. Foi indicada nove vezes como Mulher do Ano por várias instituições e duas vezes como uma das mulheres do século (*Revista Desfile*, 1990, 1999).

Em 1992, recebeu pela União Brasileira de Escritores o título de Personalidade Intelectual do Ano. Recebeu também a medalha de ouro do Palácio do Planalto, em 1987; a medalha Tiradentes, em 1996; e a medalha Pedro Ernesto, em 1998.

É conferencista internacional, tendo dado palestras em mais de quarenta universidades nos Estados Unidos da América. No Brasil, fez conferências em várias estatais, ministérios, em sindicatos patronais e de trabalhadores, universidades etc.

No dia 2 de janeiro de 2006, foi publicado no *Diário Oficial da União* a Lei 11.261, que a nomeou Patrona do Feminismo Brasileiro. Essa lei passou por todas as instâncias da Câmara e do Senado e foi sancionada pelo Presidente da República, em 30 de dezembro de 2005.

No mesmo ano, seiscentas universidades norte-americanas compraram exemplares de cinco de suas obras para seus departamentos de Estudos Latino-Americanos e Estudos da Mulher.

Em 2008, recebeu o Prêmio Bertha Lutz, concedido pelo Senado Federal.

Atualmente, vem dedicando-se ao *Instituto Cultural Rose Marie Muraro*, fundado em 2009 e que funciona em um imóvel cedido pelo Patrimônio Histórico da União. O Instituto, inclusive, já apresentou projetos ao BNDES, Petrobras, Ministério da Cultura (Lei Rouanet), Ministério da Mulher e outros.

E-mails importantes:

– marcosarruda@pacs.org.br
– joaquim@bancopalmas.com.br
– heloisaprimavera@gmail.com

O trabalho internacional de Heloisa Primavera vale a pena ser conhecido pelos brasileiros interessados em tudo o que foi dito neste livro.

Impressão e acabamento
GRÁFICA E EDITORA SANTUÁRIO
Em Sistema CTcP
Rua Pe. Claro Monteiro, 342
Fone 012 3104-2000 / Fax 012 3104-2036
12570-000 Aparecida-SP

E-mails importantes:

- marcosarruda@pacs.org.br
- joaquim@bancopalmas.com.br
- heloisaprimavera@gmail.com

O trabalho internacional de Heloisa Primavera vale a pena ser conhecido pelos brasileiros interessados em tudo o que foi dito neste livro.

Impressão e acabamento
Gráfica e Editora Santuário
Em Sistema CTcP
Rua Pe. Claro Monteiro, 342
Fone 012 3104-2000 / Fax 012 3104-2036
12570-000 Aparecida-SP